I0134810

INTERESSANTE GESCHICHTEN FÜR NEUGIERIGE KIDS

Eine spannende Sammlung der interessantesten, unglaublichsten und verrücktesten Geschichten der Welt

BILL O'NEILL

ISBN: 978-1-64845-090-7

Copyright © 2022 by LAK Publishing

ALLE RECHTE VORBEHALTEN

Kein Teil dieses Buches darf ohne vorherige schriftliche Genehmigung
des Herausgebers in irgendeiner Form oder mit irgendwelchen Mitteln
- elektronisch, mechanisch, durch Fotokopieren, Aufzeichnen, Scannen
oder auf andere Weise - vervielfältigt, in einem Abrufsystem
gespeichert oder übertragen werden.

Inhalt

Einleitung

Willkommen zu *Interessante Geschichten für neugierige Kids: Eine spannende Sammlung der interessantesten, unglaublichsten und verrücktesten Geschichten der Welt!* In diesem Buch berichten wir dir über einige der seltsamsten Tatsachen auf unserem wunderbaren Planeten, und zwar auf eine fesselnde Art und Weise! Ganz bestimmt wirst du beim Lesen dieses Buches eine Menge lernen, dich dabei aber garantiert nicht langweilen.

Da du mit Familie, Freunden, Schule und deinen Hobbys viel zu tun hast, liegt es ganz an dir, wie du dieses Buch lesen möchtest. Du kannst es von vorne bis hinten wie ein normales Buch lesen, oder mal hier und mal da etwas schmökern, ohne dass du etwas verpasst. Jede Geschichte ist relativ kurz, sodass das Lesen jeweils nicht zu lange dauert.

Die Kapitel in diesem Buch handeln von verschiedenen Aspekten des menschlichen Lebens, aber - und darauf kommt es an - sie wurden geschrieben, um Kinder in deinem Alter anzusprechen. Ganz genau: Dieses Buch orientiert sich an den Interessen von Kindern in deinem Alter! Wenn du also eine Erzählung mit geschichtlichem Inhalt liest, dann wirst du sie trotzdem unterhaltsam finden. Du wirst zum Beispiel über einige der mächtigsten Kinder der Weltgeschichte, über altägyptische Pharaonen, sowie über chinesische und japanische Kaiser lesen. Du wirst auch herausfinden, wie die Wikinger das Schlittenfahren, das Skifahren und das Eislaufen erfunden haben. Und in puncto Schule? Nun, wir verraten dir nicht nur, wie unterschiedlich die Schulen vor langer Zeit im Vergleich zu den heutigen waren, sondern auch, inwiefern sie sich manchmal noch gleichen.

Aber auch für die Naturwissenschaftler unter euch haben wir etwas! In diesem Buch finden sich viele unterhaltsame Geschichten aus der Wissenschaft, die dir Antworten auf all die Fragen liefern, über die du dich mit deinen Freunden sicher schon unterhalten hast. Welches ist das schlaueste Tier der Welt? Wie viele Knochen hat der menschliche Körper? Inwiefern sind Lamas mit Kamelen verwandt? Wie und warum können Papageien sprechen? Selbst wenn die naturwissenschaftlichen Fächer nicht deine Stärke sind, so findest du in diesem Buch sicher etwas, das dir gefällt und das du noch nicht wusstest.

Dieses Buch enthält auch ein paar interessante wissenschaftliche Experimente, mit denen du deine Familie und Freunde beeindrucken kannst. Wir zeigen dir, dass es unmöglich ist, ein Ei in der Handfläche zu zerdrücken und du lernst, wie du ein Hotdog mumifizieren kannst – Ja, du hast richtig gelesen!

Stürze dich ins Lesevergnügen und erfahre mehr über einige deiner Lieblingsfilme, Lieblingsbücher und liebsten Unterhaltungskünstler sowie deren Anfänge. Du wirst vielleicht mit Überraschung feststellen, dass manche deiner Lieblingsfilme in Wahrheit Neuverfilmungen von Kinofilmen sind, die deine Eltern – oder gar deine Großeltern – einst cool fanden.

Zu guter Letzt: Kinder auf der ganzen Welt hören immer wieder gern gute Gruselgeschichten. Daher haben wir ein paar davon in dieses Buch gepackt, zusammen mit einigen anderen Geschichten, die sich keiner Kategorie zuordnen lassen.

Lehn dich also zurück, entspann dich und öffne die Seiten dieses Buches, um dich in eine andere Welt entführen zu lassen, wo das Lernen Spaß macht! Schon nach ein paar Geschichten in diesem Buch wirst du deine Freunde mit Sicherheit beeindrucken und vielleicht sogar die ein oder andere Diskussion für dich entscheiden können.

Am allerwichtigsten ist jedoch: Vergiss nicht, Spaß dabei zu haben!

Die heldenhafte Katze

Hunde und Katzen sind zwar die wohl beliebtesten Haustiere, doch nicht viele Menschen würden bezweifeln, dass Hunde die Schnauze in der Beliebtheitsskala normalerweise vorn haben. Schließlich hast du sicher schon einmal das Sprichwort „Der Hund ist der beste Freund des Menschen" gehört, oder? Der Grund hierfür findet sich wohl hauptsächlich in der Persönlichkeit von Katzen. Die Katzenbesitzer unter euch wissen, wovon ich rede.

Katzen essen gern.

Katzen schlafen gern.

Im Allgemeinen machen Katzen gerne das, was sie gerade wollen, und sie lassen sich von ihren Menschen nicht gern vorschreiben, was sie tun sollen. Ist dir aufgefallen, wie ich den Ausdruck „ihre Menschen" gebraucht habe? Nun, das liegt daran, dass man eine Katze nie wirklich besitzt. Gegebenenfalls mögen sie dich oder lassen sich von dir streicheln, doch sie bleiben dabei immer absolut eigenständige Lebewesen.

Zu jeder Regel gibt es jedoch immer Ausnahmen.

Das können wir am Beispiel der heldenhaften Katze Tara sehen. Tara war eine lebhafte Tigerkatze, die im Jahr 2008 bedauerlicherweise in den Straßen von Bakersfield, in Kalifornien, ausgesetzt wurde. Das Leben auf der Straße ist selbst für eine robuste Katze wie Tara sehr schwierig. Daher zeigten sich Roger und Erica Triantafilo auch etwas betroffen, als sie bemerkten, dass ihnen auf ihrem Spaziergang ein süßes Kätzchen folgte.

„Wem gehört diese Katze?", fragten sie sich.

Roger und Erica nahmen die Katze mit zu sich nach Hause, gaben ihr etwas zu fressen und wuschen sie. Es war offensichtlich, dass die Katze schon seit einiger Zeit auf der Straße gelebt hatte. Sie war aber sehr süß und deshalb dachten sich die Triantafilos: „Meine Güte, die muss doch jemandem gehören!"

Sie fragten ihre Nachbarn und teilten sogar einige Flugblätter aus, auf denen stand, dass sie eine vermutlich verlorengegangene Tigerkatze gefunden hatten. Niemand meldete sich. Es war das Jahr 2008 und die wirtschaftliche Situation war schlecht. Wer weiß also, durch welche Umstände die Katze auf der Straße gelandet war.

Es dauerte nicht lange, bis es klar war, dass die Katze bei den Triantafilos ein neues Zuhause gefunden hatte. Besonders der vierjährige Sohn des Paares, Jeremy, entwickelte eine enge Beziehung zu der Katze. Schließlich entschied sich die Familie dazu, die liebenswürdige Katze zu adoptieren und sie gaben ihr den Namen „Tara".

Wie ein Hundewelpe folgte Tara Jeremy auf Schritt und Tritt und schon bald half sie ihm dabei, seine Verschlossenheit immer mehr abzulegen. Jeremy war nämlich Autist, wodurch es ihm oft schwerfiel, sich auszudrücken oder Freunde zu finden.

Am 13. Mai, 2014 ereignete sich schließlich der Vorfall, durch den Tara zur weltberühmten „Heldenkatze" wurde.

Der Tag begann wie jeder andere bei den Triantafilos. Jeremy spielte in der Einfahrt seines Elternhauses, während Tara sich in der Nähe die Sonne auf das Fell scheinen ließ und abwechselnd die Vögel und Jeremy beobachtete.

Plötzlich kam wie aus dem Nichts ein großer, bösartiger Hund in die Einfahrt der Triantafilos gerannt und griff Jeremy ohne Grund rücksichtslos an. Jeremy war irritiert und voller Angst und Schmerzen, als sich der Chow-Chow-Mischling in seinem Bein festbiss. Seine Mutter kam angerannt, um ihn zu beschützen, doch noch bevor sie ihn erreichen konnte, schaltete sich Tara ein!

Das aufgeweckte Katzentier schmiss sich mit ganzem Körper auf den aggressiven Hund und jagte ihn dann um das Familienauto und aus der Einfahrt hinaus. Erica nahm Jeremy auf den Arm und zu dritt zogen sie sich ins Haus zurück, wo sie erst einmal tief durchatmen und die Fassung wiedererlangen mussten. Nachdem die Triantafilos Jeremy in die Notaufnahme gebracht hatten, wo er mit zehn Stichen genäht werden musste, luden sie die Aufzeichnung der Überwachungskamera mit der Hundeattacke auf YouTube hoch. Das Video verbreitete sich dort sofort wie ein Lauffeuer und erzielte innerhalb von 48 Stunden fast 17 Millionen Aufrufe.

Tara wurde über Nacht zu einer internationalen Berühmtheit. Sie machte (mehr oder weniger) den Anwurf bei einem Baseball-Spiel der Minor League, übernahm (mehr oder weniger) den Einwurf des Pucks bei einem Eishockey-Spiel der Minor League und war mit ihrer Familie bei zahlreichen Medienauftritten zu sehen.

Nach etwa einem Jahr war Tara wohl eine der berühmtesten und am weitesten gereisten Katzen aller Zeiten, da sie verschiedene Länder in Europa, Asien und Lateinamerika besucht hatte. Und niemand wird wohl ernsthaft bezweifeln, dass sie sich all die Aufmerksamkeit verdient hatte. Schließlich hat sie Jeremy womöglich das Leben gerettet und dadurch bewiesen, dass eine Katze tatsächlich der beste Freund des Menschen – und eine Heldin – sein *kann* …

Wachstumsschmerzen

Wenn du in einem Alter zwischen 9 und 12 bist und dich langsam dem Teenageralter näherst, hast du sicherlich schon einmal den Begriff „Wachstumsschmerzen" gehört. „Wachstumsschmerzen" ist eigentlich eine „Ambiguität" (ich weiß, das klingt sehr hochgestochen, bedeutet aber lediglich „Mehrdeutigkeit"). Eine der Bedeutungen dieses Wortes ist eher bildhaft gemeint und bezieht sich auf die Probleme und den Stress des Heranwachsens. Zum Beispiel der Verlust des ersten festen Freundes oder der ersten festen Freundin kann als Wachstumsschmerz bezeichnet werden, aber auch die Notwendigkeit einer Zahnspange, ein Schulwechsel, das Ausscheiden aus einer Sportmannschaft oder schlechte Noten.

All dies sind negative Aspekte des Heranwachsens und lassen sich deshalb als „Wachstumsschmerzen" bezeichnen.

Der Begriff „Wachstumsschmerzen" hat jedoch auch eine ältere und praktischere Definition. Vielleicht hast du sogar schon tatsächliche Wachstumsschmerzen erlebt. Falls dem so ist, dann mach dir keine Sorgen, denn Wachstumsschmerzen sind etwas ganz Natürliches!

Wachstumsschmerzen nennt man jene Schmerzen und Beschwerden, die Kinder im Alter von bis zu 12 Jahren meist in den Beinen und manchmal in den Armen verspüren. Diese Schmerzen treten normalerweise bei Nacht auf und können so stark sein, dass das betroffene Kind mitunter davon aufwacht.

Morgens lassen die Schmerzen aber meist schnell wieder nach.

Falls du schon einmal Wachstumsschmerzen erlebt hast, dann bist du nicht allein. Bis zu 40% aller Kinder erfahren Wachstumsschmerzen am eigenen Leib und deshalb brauchst du dir keine Sorgen machen, falls es dich auch trifft. Solltest du aber immer wieder und über einen langen Zeitraum unter diesen Schmerzen leiden, dann ist eventuell Sorge angebracht. Wie der Name schon sagt, sollten Wachstumsschmerzen von selbst weggehen, sobald du das Teenageralter erreichst und ausgewachsen bist.

Vielleicht findest du es interessant, dass Wachstumsschmerzen – bis auf die Tatsache, dass sie ungefähr dann nicht mehr auftreten, wenn du ausgewachsen bist – eigentlich wenig mit dem Wachstum zu tun haben.

Wachstumsschmerzen wurden zum ersten Mal von einem französischen Arzt namens Marcel Duchamp im Jahr 1823 beschrieben. Neben der Tatsache, dass diese Schmerzen nur bei Kindern auftraten, wusste er allerdings noch nicht viel über sie. Auch die Ursachen waren ihm nicht klar. Viele Ärzte und Wissenschaftler dachten, dass Wachstumsschmerzen durch eine rheumatische Fiebererkrankung bei den betroffenen Kindern ausgelöst wurden. Als die Medizin im 20. Jahrhundert aber immer neue Erkenntnisse gewann, nahm auch das Verständnis über Wachstumsschmerzen zu.

Wissenschaftler fanden schließlich heraus, dass Wachstumsschmerzen nicht durch rheumatisches Fieber oder durch irgendeine andere Krankheit verursacht wurden. Aufgrund der Beobachtung, dass Teenager normalerweise nicht mehr darunter litten, setzte sich die Meinung durch, dass dieses Phänomen durch das natürliche Wachstum des menschlichen Körpers verursacht wurde.

Die Forschung in jüngerer Zeit hat aber gezeigt, dass auch das nicht stimmt.

Wissenschaftler sind sich immer noch nicht wirklich im Klaren über die Ursachen von Wachstumsschmerzen. Manche von ihnen sind der Meinung, dass sie auftreten, wenn Kinder sich beim Spielen zu sehr verausgaben, während andere Wissenschaftler eine schlechte Körperhaltung als die wahrscheinliche Ursache ansehen. Einige Wissenschaftler behaupten auch, dass Wachstumsschmerzen ein Anzeichen für andere Krankheiten sein könnten. Für die meisten Kinder, bei denen Wachstumsschmerzen auftreten, sind sie allerdings ziemlich harmlos.

Wenn du also aufwachst und deine Beine schmerzen ein wenig, dann denke daran, dass diese Schmerzen voraussichtlich nicht mehr auftreten werden, wenn du dich im Teenageralter befindest. Was allerdings die Wachstumsschmerzen in Bezug auf deinen Freund oder deine Freundin, deine Noten oder Eltern betrifft – nun, die werden dich wohl noch etwas länger begleiten!

Armer Alexei und
arme Anastasia

Im Jahr 1917 war die Lage in Russland schwierig. Das Land befand sich mitten im Ersten Weltkrieg gegen Deutschland und Österreich-Ungarn. Krieg allein ist oft schon schlimm genug, doch Russland gab auch auf dem Schlachtfeld keine gute Figur ab. Dies lag nicht unbedingt daran, dass Deutschland und Österreich-Ungarn die besseren Soldaten hatten, sondern viel mehr daran, dass Russland Probleme mit der Versorgung seiner Truppen hatte. Die Züge, welche die Versorgungsgüter an die Front brachten, waren alt und unzuverlässig, und oft waren einfach nicht genügend Lebensmittel, Waffen oder Munition vorhanden.

Es ist ein bisschen schwierig, einen Krieg ohne Munition zu gewinnen, oder?

Nun, wie du dir vorstellen kannst, war die Situation in Russland selbst auch nicht viel besser. Die Menschen waren arm, die Arbeitslosigkeit hoch, und es herrschten ständig Spannungen zwischen den verschiedenen Gesellschaftsklassen und ethnischen Gruppen (nicht jeder in Russland war auch Russe). All diese Probleme wurden durch die Kommunisten angefacht, da sie den Zar stürzen wollten („Zar" ist das russische Wort für Kaiser – ähnlich wie „Cäsar").

Die Kommunisten sagten: „Seht euch an, wie gut der Zar und seine Familie leben, während das Volk leidet!"

Damit hatten sie nicht ganz unrecht. Zar Nikolaus II. und seiner Familie ging es ziemlich gut, zumindest bis zum 15. März 1917.

Nikolaus II. war der letzte Zar der Romanow-Dynastie, welche seit 1613 in Russland regiert hatte. Das war eine stolze Leistung, wenn man bedenkt, dass Russland während dieser 300 Jahre einige große Probleme zu bewältigen hatte. Es gab Bürgerkriege, Revolutionsversuche und ein Zar wurde sogar ermordet! Als dann der Erste Weltkrieg im Jahr 1914 begann, war vielen klar, dass auf Russland noch weitere Probleme zukommen würden.

Doch Nikolaus und seine Frau Alexandra, zusammen mit ihren vier Töchtern und einem Sohn, schienen davon nicht viel mitzubekommen.

Die Romanows verbrachten nämlich die meiste Zeit in ihrem Königspalast und wussten nur wenig darüber Bescheid, was um sie herum in Russland geschah. Wahrscheinlich wussten sie sogar mehr über die anderen Königsfamilien in Europa als über das Volk in ihrem eigenen Land. Es mag vielleicht komisch klingen, aber die Romanows waren mit den meisten Königsfamilien, die zu dieser Zeit in Europa regierten, verwandt. Und ja, auch mit jenen, gegen die sie Krieg führten!

Sowohl Nikolaus als auch Alexandra stammten gleichermaßen von deutschen Königsfamilien wie auch vom russischen Adel ab. Nikolaus gehörte zusätzlich dem dänischen Adel an. Und sogar mit der englischen Königsfamilie war das Paar verwandt.

Man muss also nicht extra erwähnen, dass die Romanows den Bezug zum russischen Volk etwas verloren hatten, was aber nicht bedeutete, dass sie nicht selbst auch ihre Probleme hatten. Alexei, der Kronprinz (der Nächste in der Thronfolge der Zaren), litt unter einer seltenen Krankheit namens Hämophilie. Hämophilie, auch Bluterkrankheit genannt, ist eine Krankheit, bei der das Blut nicht richtig gerinnt, was bedeutet, dass eine einfache Schnittwunde lebensbedrohlich sein kann, weil sie nicht mehr aufhört zu bluten.

Aufgrund dieser seltenen Krankheit wurde Alexei besonders umhegt und ständig von Krankenpflegern und Ärzten betreut – rund um die Uhr und sieben Tage die Woche. Doch seine Familie war ebenfalls für ihn da und, allen Berichten zufolge, hatten sie eine ziemlich enge Beziehung untereinander. Auf Fotos und sogar in Filmausschnitten aus dieser Zeit zeigt sich eine liebevolle Familie. Alexeis Schwestern, und besonders die jüngste Schwester Anastasia, spielten mit ihm und passten auf ihn auf.

All dies fand aber schnell ein jähes Ende, als Zar Nikolaus sich entschied, dem Ersten Weltkrieg gegen Deutschland und die Mittelmächte beizutreten. Russland war auf einen langen Krieg einfach nicht vorbereitet und als sich die Verluste auf dem Schlachtfeld häuften, nahmen auch die Proteste zu.

Am 15. März 1917 dankte Nikolaus als Zar ab und seine Familie wurde schon kurz danach unter Hausarrest gestellt. Selbst nachdem ihnen alles genommen worden war, versuchten die Romanows das Beste aus ihrer Situation zu machen. Auf Fotos ist zu sehen, dass die Romanows weiterhin in enger Beziehung zueinander standen und bis zum 17. Juli 1918 auch noch relativ guter Dinge waren.

An jenem schicksalhaften Tag trieben die kommunistischen Aufseher die Romanows in den Keller eines Hauses im russischen Jekaterinburg und richteten sie hin. Es wurde berichtet, dass die Mädchen und ihre Mutter noch versuchten, sich zu bekreuzigen, als sie erschossen wurden. Anastasia und Maria überlebten den ersten Kugelhagel, da sie die Familienjuwelen in ihre Korsetts eingenäht hatten, was einige der Kugeln abwehrte. Die Henker gaben ihnen jedoch schließlich mit Bajonetten den Gnadenstoß.

Dieser traurige Vorfall bedeutete das Ende der Romanow-Herrschaft in Russland und läutete den Beginn der kommunistischen Regierung ein, welche mehr als 70 Jahre bestehen sollte. Heute erinnert man sich an die Romanows als eine liebevolle Familie und als gläubige Christen. Aus diesem Grund hat die russisch-orthodoxe Kirche Nikolaus, Alexandra und all ihre Kinder im Jahr 2000 heiliggesprochen.

Unsichtbare Tinte
selber herstellen

Spione gibt es wahrscheinlich schon so lange, wie es Menschen gibt. Ich meine sogar, dass selbst in prähistorischer Zeit, als Menschen noch in Höhlen lebten, die Höhlenmenschen ihre Rivalen ein wenig ausspioniert haben, um zu sehen, wer die besten Werkzeuge und Waffen hatte.

Als sich dann die Menschheit weiterentwickelte und fortschrittlicher wurde, verbesserten sich auch die Spionagemittel.

Spionage wurde schließlich zu einem (zumindest teilweise) seriösen Beruf, in welchem die eigens entwickelten Spezialwerkzeuge und -taktiken unter dem Begriff *Spionagepraxis* zusammengefasst wurden. Spionagepraxis umfasst alles von der Ausrüstung, wie man sie in James-Bond-Filmen sieht, bis zu den einfachen Dingen, die du und deine Freunde einsetzen könnt ... wie etwa unsichtbare Tinte.

Ja, genau, unsichtbare Tinte!

Du hast bestimmt schon in Filmen oder Büchern von unsichtbarer Tinte gehört, doch dabei handelt es sich nicht um reine Fantasie. Spione haben tatsächlich unsichtbare Tinte eingesetzt, um geheime Botschaften zu übermitteln! Dies war eine beliebte Methode, weil sie so unkompliziert war. Der

Spion verwendete einfach eine Flüssigkeit, aus der die Tinte gemacht wurde, schrieb damit auf ein Blatt Papier und fügte dann mit Bleistift oder Füller eine normale, unverdächtige Nachricht auf dasselbe Blatt Papier hinzu.

Eigentlich ganz simpel, oder? Also, versuchen wir es mal!

Als Erstes brauchst du natürlich ein Blatt Papier. Als Nächstes benötigst du Zugriff auf ein Bügeleisen, einen Backofen oder einen Heizkörper. Keine Sorge, du musst die Temperatur nicht sehr hoch einstellen. Außerdem brauchst du einen Zahnstocher oder ein Wattestäbchen. Die wichtigste Zutat ist schließlich die eigentliche Tinte. Die meisten dieser Utensilien findest du bei dir zu Hause.

Fruchtsäfte mit einem hohen Säuregehalt eignen sich sehr gut. Darunter fallen Apfelsaft, Orangensaft und, vielleicht am besten, Zitronensaft. Zwiebelsaft funktioniert auch gut, falls es dir nichts ausmacht, ein paar Tränen zu vergießen. Auch Essig ist als unsichtbare Tinte recht beliebt.

Urin wurde von Spionen ebenfalls als unsichtbare Tinte eingesetzt. Ich weiß, das klingt eklig und ich würde es auch nicht empfehlen, aber ich wollte es einfach erwähnen.

Gieße eine geringe Menge der Flüssigkeit, die du als unsichtbare Tinte verwenden möchtest, in einen kleinen Becher, tauche den Zahnstocher oder das Wattestäbchen in die Flüssigkeit und beginne, deine Nachricht auf ein Blatt Papier zu schreiben. Lass die Nachricht trocknen und du wirst sehen, wie die Wörter einfach verschwinden.

Wenn deine geheime Nachricht wieder erscheinen soll, fahre mit dem Bügeleisen auf der niedrigsten Wärmestufe über das Papier. Du kannst das Blatt Papier auch auf einen Heizkörper oder in einen auf unter 150°C vorgeheizten Backofen legen.

Du wirst beobachten, wie die von dir geschriebenen Wörter kurz wieder erscheinen! Ärgere dich nicht, wenn deine erste geheime Nachricht nicht sauber geschrieben ist. Es braucht ein bisschen Übung, um mit unsichtbarer Tinte zu schreiben und du kannst auch mit verschiedenen Flüssigkeiten experimentieren. Mit ein wenig Routine wirst du allerdings schon sehr bald Freunde und Familie mit geheimen Nachrichten beeindrucken, auf die selbst der beste Spion stolz sein kann.

Bazooka Joe bekommt eine Frischzellenkur

Vor langer Zeit, als deine Eltern – und mehr noch deine Großeltern – in deinem Alter waren, war Bazooka Joe *die* coolste Süßigkeit für Kinder. In einer Zeit vor dem Internet und sogar noch bevor es in jedem Haushalt einen Fernseher gab, waren die Kaugummis von Bazooka Joe sowohl eine Süßigkeit als auch ein Comicstrip in Einem. Das erwies sich als genialer Marketingstreich und machte Bazooka Joe über Jahrzehnte hinweg zu einer der weltweit beliebtesten Naschereien.

Wie vielleicht manche von euch wissen, gibt es Bazooka Joe immer noch, auch wenn er inzwischen einige Veränderungen durchlaufen hat.

Den Kindern in Amerika wurde Bazooka Joe Kaugummi zum ersten Mal in den 1950er Jahren präsentiert. Sobald sie das Verpackungspapier der einzeln verpackten, quadratischen Kaugummistücke öffneten, freuten sie sich immer über den darin eingewickelten Comicstreifen von *Bazooka Joe und seine Gang*. Jeder Streifen enthielt eine kurze, etwa vier Bilder umfassende Comicgeschichte, in der Joe und seine Freunde stets eine bestimmte Situation beobachteten und dann einen Witz machten.

Wenn man außerdem genug Comicstreifen von *Bazooka Joe und seine Gang* gesammelt hatte, konnte man diese an eine bestimmte Adresse schicken, um einen Preis zu gewinnen. Bei dem Preis handelte es sich meist um etwas Billiges, wie etwa eine Sonnenbrille, einen Plastikring oder ein Teleskop aus Plastik. Aber immerhin war dies ein guter Marketingtrick, da die Kinder so immer wieder diesen Kaugummi kauften.

In Amerika wurde Bazooka Joe unter Kindern schnell zu einer der beliebtesten Süßigkeiten und während der 60er Jahre breitete sich der Kaugummi fast auf der ganzen Welt aus.

Als sich aber die Zeiten änderten, fiel es Bazooka Joe immer schwerer, mit der Konkurrenz mitzuhalten.

Die Entwicklung von süßen und weichen Kaugummis für Kinder, wie etwa Bubble Yum, Bubblicious und Hubba Bubba in den späten 70er Jahren schmälerten die Gewinne von Bazooka Joe. Dennoch hielt sich Bazooka Joe, weil Kinder einzelne Kaugummis für fünf oder zehn Cent pro Stück kaufen konnten.

Bazooka Joe selbst erhielt in den 90er Jahren sogar ein neues Erscheinungsbild mit einem zeitgemäßeren Look, doch zu Beginn der 2000er Jahre war er einfach nicht mehr beliebt. Kinder in deinem Alter und etwas darüber fanden den Humor eher abgedroschen. Und wer möchte schon eine Handvoll Comicstrips sammeln, um sie für einen billigen Preis irgendwohin einzusenden, oder?

Deine Generation ist mit Sicherheit viel technologieerfahrener als die vorherige Generation. Das hat die Geschäftsleitung von Bazooka Joe erkannt, worauf sie die veralteten Comicstrips und Preise 2012 vom Markt nahm.

Diejenigen unter euch, die immer mal wieder gerne einen Kaugummi kauen, wissen sicher, dass es Bazooka Joe immer noch gibt. Und euch ist wohl auch bekannt, dass auf jeder

Kaugummiverpackung, anstelle von veralteten Comicstrips, jetzt Rätsel und Codes zu finden sind, um auf der Bazooka-Joe-Webseite Videospiele freizuschalten. Bazooka Joe und seine Freunde sind manchmal immer noch auf der Verpackung zu sehen, aber jetzt stehen modernere Dinge im Vordergrund, die wahrscheinlich auch dir gefallen.

Du siehst also, dass die Kaufkraft deiner Generation stark genug ist, um die Produktpräsentation eines Unternehmens zu beeinflussen, auch wenn du erst in ein paar Jahren wählen darfst. So sehr sich Bazooka Joe auch verändert hat, so wird er wahrscheinlich noch viele Veränderungen durchlaufen, bis deine Kinder ihn eines Tages kauen werden.

Spiele für die Autofahrt

Einige von euch haben während der Sommerferien bestimmt schon lange Autofahrten mit der Familie unternommen. Vielleicht wart ihr auch unterwegs, um Verwandte über die Feiertage zu besuchen. Ich muss dir wohl nicht erzählen, dass diese Fahrten manchmal ziemlich langweilig und nervig sein können.

Vielleicht wollten deine Eltern nicht dort Rast machen, wo du gerne anhalten wolltest.

Vielleicht haben deine jüngeren Geschwister auch geschlafen und die ganze Zeit geschnarcht – oder schlimmer: einfach nicht den Mund gehalten. Oder sogar noch schlimmer: ständig einen ziehen lassen!

Doch keine Sorge! Das, was du da durchgemacht hast, und wahrscheinlich auch in Zukunft durchmachen wirst, erleben Kinder schon seit Jahrzehnten. Die lange und oft langweilige oder nervige Autofahrt mussten Kinder schon seit den 50er Jahren erdulden, weshalb deine Eltern und Großeltern genau wissen, wie du dich dabei fühlst.

Dabei muss es aber nicht immer nervig oder langweilig sein.

Es gibt viele unterhaltsame Wortspiele, die du mit deinen Geschwistern und deinen Eltern gemeinsam spielen kannst, damit ihr euch die Zeit vertreibt, während ihr auf der Autobahn dahinsaust. Ich stelle dir hier ein paar beliebte

Spiele vor, sowie einen meiner persönlichen Favoriten. Sicher fallen dir beim Lesen auch selbst ein paar neue Spiele ein.

Das vielleicht beliebteste Spiel für lange Autofahrten ist das „Nummernschildspiel". Wie bei den meisten Spielen für lange Autofahrten gibt es verschiedene Varianten dieses Spiels. Für gewöhnlich geht es darum, den Herkunftsort des Nummernschildes zu identifizieren und laut zu verkünden. Eine Person zählt die Punkte, wobei unterschiedliche Nummernschilder eine verschiedene Anzahl von Punkten wert sind, abhängig von der Entfernung des Herkunftsorts.

Nehmen wir an, ihr seid in der Nähe von Frankfurt unterwegs. Alle Autos mit einem Frankfurter Nummernschild erhalten einen Punkt, während Nummernschilder aus anderen hessischen Landkreisen zwei Punkte ergeben. Kennzeichen aus anderen Bundesländern erhalten drei Punkte und Kennzeichen aus anderen Großstädten – München, Hamburg, Berlin, Köln, usw. – erhalten vier Punkte. Ausländische Nummernschilder ergeben fünf Punkte.

Die Höchstpunktzahl von sechs Punkten ist Fahrzeugen mit einem Kennzeichen außerhalb von Europa oder mit einem Diplomatenkennzeichen vorbehalten.

Das Autokennzeichenspiel ist nicht nur ein unterhaltsamer Zeitvertreib, sondern auch lehrreich, weshalb es deinen Eltern bestimmt gefallen wird!

Ein weiteres lustiges Spiel, das mir meine 12-jährige Nichte einmal beigebracht hat, nennt sich „ABC-Leute". Du kannst dir auch deinen eigenen Namen dafür ausdenken.

ABC-Leute funktioniert so: Eine Person im Auto beginnt mit dem Buchstaben „A" und muss sich einen Namen, einen Beruf und einen Ort ausdenken, die alle mit dem Buchstaben „A" beginnen. Du könntest also sagen: „Mein Name ist Alfred, ich bin Apotheker und ich komme aus Augsburg". Darauf könnte die nächste Person sagen: „Ich heiße Barbara, ich bin Bankkauffrau und ich lebe in Bremen."

Und so geht das dann immer weiter, bis ihr am Ziel seid oder bis ihr ein anderes Spiel spielen wollt.

Ein weiteres Spiel, das ich gerne mit meinen Freunden und meiner Familie spiele, habe ich „Entweder-Oder" genannt.

Bei Entweder-Oder geht es darum, dass eine Person zwei Dinge nennt, die sich ähneln, aber doch unterschiedlich sind. Alle weiteren Personen müssen sich für eines der genannten Dinge entscheiden, bis die Runde wieder bei der Person ankommt, welche die zwei Begriffe genannt hat. Wenn ich also das Spiel beginne, dann könnte ich etwa sagen: „Pepsi oder Cola". Sobald jeder seine Vorliebe genannt hat, nennt die nächste Person zwei andere Begriffe, wie etwa „Meer oder Berge" oder „Kaffee oder Tee" oder „Nintendo Switch oder PlayStation". Die Möglichkeiten sind nahezu endlos. Denke nur daran, dass die Begriffe ähnlich, aber doch unterschiedlich genug sein müssen, damit die Mitspieler eine eindeutige Wahl treffen können.

Entweder-Oder eignet sich gut, um etwas Neues über deine Freunde und Familie herauszufinden.

Das waren nur drei Spiele, die du auf langen Autofahrten spielen kannst. Ich bin mir sicher, dass dir mit ein bisschen Nachdenken auch eigene Spielideen einfallen werden.

Wie viele Lassies gab es?

Nur wenige würden bezweifeln, dass der liebenswürdige, treue und beharrliche Collie Lassie der berühmteste Film- und Fernsehhund war. Lassie hatte ihren – oder seinen (dazu gleich mehr) – ersten Leinwandauftritt im Film *Heimweh* von 1943, wonach sie bis in die 70er Jahre hinein in zahlreichen Filmen und Fernsehserien die Hauptrolle spielte. Mit dem Ende der 70er Jahre ließ Lassies Popularität ein wenig nach, jedoch war sie immer wieder in verschiedenen Serien zu sehen.

Natürlich handelte es sich dabei nicht um denselben Hund von 1943. Wie viele Hunde haben also bis heute Lassie verkörpert?

Bevor wir diese Frage beantworten, werfen wir einen Blick auf den ersten Hund, der Lassie spielte und dessen Name „Pal" war. Wenn du jetzt denkst, dass „Pal" wie ein männlicher Hundename klingt, dann bist du auf der richtigen Spur, denn Pal war ein Collie-Männchen. Ebenso waren alle Hunde, die Lassie nach Pal spielten, männlich. Der Grund, weshalb Lassie (was ganz klar ein weiblicher Name ist) immer von Männchen gespielt wurde, liegt darin, dass männliche Collies eine ganz bestimmte Fellfarbe und -musterung haben.

Unter Hunderten von Kandidaten wurde Pal als der Hund ausgesucht, der am schlausten und am einfachsten im Umgang mit Menschen war und der am besten aussah. Pal füllte treu die Rolle der Lassie auf der Leinwand aus, bis er im Jahr 1958 im Alter von 18 dahinschied. In Hundejahren war Pal/Lassie 85 Jahre alt.

Während all dieser Jahre ließ Lassie es sich in Hollywood gut gehen und er hatte die Zeit und das Geld, um eine Familie zu gründen. Als Lassie schließlich starb, wurde die Fackel an seinen Sohn, Pal Junior, weitergereicht. Junior führte die Tradition pflichtbewusst fort und in der Tat waren alle Collies, die Lassie in den sechs ursprünglichen Filmen und in der TV-Serie spielten, Nachkommen von Pal. Es wurden auch Stunt-Hunde und Doubles für die Darstellung von Lassie eingesetzt und in späteren Filmen wurde Lassie von Hunden gespielt, die nicht mit Pal verwandt waren.

Die genaue Anzahl der Hunde, die Lassie gespielt haben, ist nicht sicher bekannt, doch man nimmt an, dass es wohl ein Dutzend waren. Und alle waren Männchen!

Kindersoldaten

Die Zeit vor dem Teenageralter und in das Teenageralter hinein kann ganz schön schwer sein. Du stehst unter einer Menge Druck, wenn es darum geht, Freunde zu finden, erfolgreich in der Schule zu sein und den Erwartungen zuhause zu entsprechen. Die Schularbeiten werden immer anspruchsvoller und es ist oft schwierig, mit der neuesten Mode, den Trends und der Musik Schritt zu halten. Wenn du dich aber nicht unterkriegen lässt und eine positive Einstellung bewahrst, wirst du sicher feststellen, dass die Dinge aus mancherlei Gründen eigentlich gar nicht so schlecht stehen.

Erstens sind diese unbequemen Jahre schneller vorbei, als du denkst. Und glaub mir, sobald du diese Jahre hinter dir hast, wirst du auf alles zurückblicken und lachen. Du wirst dich über den Kleidungsstil und die Musik amüsieren, die du einst für cool hieltst, und du wirst es lustig finden, wie jeder an der Schule einen bestimmten Jungen oder ein bestimmtes Mädchen für cooler als Eis am Stiel hielt.

Zweitens kannst du froh sein, dass du kein Kindersoldat bist.

Krieg gibt es schon, solange es Menschen gibt, und leider sind Kinder immer wieder direkt in die Kriege hineingezogen worden. In der Regel wurden Kinder Opfer des Krieges, indem sie von den erobernden Armeen entführt oder im Kreuzfeuer getötet wurden, aber manchmal haben sie auch an den Kämpfen teilgenommen. Für gewöhnlich waren es die

Jungen, die das Kämpfen übernahmen, doch auch Mädchen haben im Laufe der Geschichte immer wieder zu Schwertern, Bögen und Gewehren gegriffen.

Obwohl internationale Übereinkommen und Gesetze den Streitmächten den Einsatz von Kindern zu Kriegszwecken verbieten, kämpfen in diesem Moment auf der ganzen Welt dennoch Tausende von Kindern. Die meisten dieser Kinder leben in Afrika, wo Krieg und Konflikte zum Alltag gehören. Man schätzt, dass allein im afrikanischen Südsudan mehr als 17.000 Kinder zum Kriegsdienst eingezogen wurden.

Du fragst dich wahrscheinlich: „Wie wird ein Kind Soldat?" Nun, das ist eine gute Frage, auf die es viele verschiedene Antworten gibt.

Du kannst dir das vielleicht nur schwer vorstellen, aber viele Kinder haben sich tatsächlich freiwillig Armeen angeschlossen. Man darf nicht vergessen, dass diese Kinder in einer ganz anderen Welt aufgewachsen sind als der, die du kennst. Viele von ihnen wuchsen in einer Armut auf, die die Vorstellungskraft der meisten Menschen heutzutage übersteigen würde, und außerdem lebten sie in Gebieten, wo Krieg ganz allgegenwärtig war.

Nicht wenige dieser Kinder haben einen Elternteil oder beide Eltern durch den Krieg verloren, weshalb sie mit dem Eintritt in die Armee eine neue Familie finden. Im Gegenzug versorgt das Militär sie mit Nahrung und Unterkunft.

Doch einige dieser Kinder hatten keine Wahl.

Die Regierungen von Somalia, dem Sudan und dem Südsudan ziehen Kinder oft zum Kriegsdienst für ihre Armeen ein (durch Einberufung oder mit Gewalt). Es gibt in diesen Gebieten auch mehrere Rebellengruppen und Privatarmeen, welche Kinder gefangen nehmen und zum Kampf zwingen. Im Staat Sierra Leone wurde während der 1990er Jahre eine Rebellenarmee gegründet, genannt Revolutionary United Front (RUF), berüchtigt dafür, Kinder von ihren Eltern zu entführen – manche davon nicht älter als fünf Jahre – und zum Kämpfen zu zwingen.

Zum Glück wurde die RUF 2002 besiegt und die meisten der Kinder befreit. Doch wie würde ihre Zukunft nach dieser schrecklichen Zeit für sie aussehen?

Internationale Gesetze und Vereinbarungen haben die weltweite Anzahl von Kindersoldaten deutlich verringert. Jedoch schätzt man, dass allein in Afrika immer noch mehr als 30.000 Kinder bewaffnet und bereit zum Krieg sind.

Wenn dich also deine Eltern das nächste Mal wegen der Hausaufgaben ermahnen oder wenn ein anderes Kind sich über dich lustig macht, weil du nicht die neuesten und coolsten Schuhe hast, dann denke daran, dass es auf der Welt Tausende von Kindersoldaten gibt, die gerne in deinen Schuhen stecken würden.

Die schöne Anhalterin

Bevor wir unsere nächste Geschichte beginnen, müssen wir erklären, was eine „Gruselgeschichte" und was eine „Großstadtlegende" oder ein „urbaner Mythos" ist. Eine Gruselgeschichte ist, wie der Name schon sagt, jede Geschichte, bei der sich die Leute gruseln, wenn sie sie hören. In diesen Geschichten kann es um Geister, Außerirdische, Monster, verrückte Mörder, übersinnliche Kräfte oder andere Themen gehen, vor denen sich eine Durchschnittsperson fürchtet.

Eine Großstadtlegende oder ein urbaner Mythos (je nachdem, welchen Begriff du bevorzugst) ist eine Geschichte, die so oft erzählt wurde, dass die Leute sie für wahr halten, selbst wenn man nicht belegen kann, dass sich die Geschichte je zugetragen hat. Tatsächlich können sowohl Gruselgeschichten als auch Großstadtlegenden wahr sein, auch wenn sie es meistens nicht sind. Am wahrscheinlichsten ist, dass sie ein Körnchen Wahrheit enthalten, das dann stark übertrieben wurde.

Unsere nächste Geschichte ist teils eine Gruselgeschichte und teils eine Großstadtlegende. Du kannst selber entscheiden, ob du irgendetwas oder alles davon für wahr hältst. Sei aber gewarnt, denn die Geschichte ist mehr als nur ein bisschen unheimlich!

In einer kalten Frühlingsnacht im Mittleren Westen der USA fuhr ein Mann namens John von seiner Nachtschicht in einer Fabrik nach Hause. Es hatte gerade zu regnen begonnen, als er bemerkte, wie eine junge Frau mit langem dunklem Haar und weißem Kleid am Straßenrand entlanglief.

Da er nicht zusehen konnte, wie die Frau nass wurde, fuhr er rechts ran und fragte sie, ob sie mitgenommen werden wollte. Die Frau starrte John für ein paar Sekunden nur mit einem leeren Gesichtsausdruck an, stieg dann aber schließlich in den Wagen. Sie stellte ihre Handtasche ab und richtete ihren Blick nach vorn, als ob sie in der Ferne etwas sah, wovor sie Angst hatte.

Sie sagte John, dass sie auf dem Weg zu einer etwa drei Meilen entfernten Farm war.

John versuchte, sich ein wenig mit der Frau zu unterhalten, doch sie starrte nur geradeaus.

Bald kam er am Haus der mysteriösen Frau an, aber noch bevor er etwas sagen konnte, war sie schon im Haus verschwunden. „Naja,", dachte sich John, „ihr war wohl kalt, ihre Kleider waren nass und sie wollte einfach schnell ins Haus kommen."

John fuhr nach Hause, aß etwas, sah fern, ging ins Bett und vergaß die mysteriöse Frau, bis er in der nächsten Nacht wieder von der Arbeit nach Hause fuhr.

„Ich frage mich, wer diese schöne Frau war", dachte sich John.

Dann fiel ihm die Handtasche der schönen Frau auf. John hielt am Straßenrand an, um zu sehen, ob ein Ausweis darin lag. Er wollte nicht neugierig sein, sondern es ging ihm nur darum, der Frau ihre Handtasche zurückzugeben.

„Lydia Penn. 1200 Osiris Road", stand darauf.

John erinnerte sich, dass diese Adresse genau dort war, wo er die geheimnisvolle Frau in der Nacht zuvor abgesetzt hatte. Also fuhr er dorthin.

Doch was sich als Nächstes ereignete, war wirklich furchterregend und rätselhaft!

John klopfte an die Tür und nach ein paar Sekunden öffnete eine alte Frau.

„Diese Handtasche gehört Lydia Penn. Ich glaube, sie wohnt hier", sagte John zu der Frau.

„Sie sind schon der Vierte", sagte die Frau, als sie die Handtasche aus Johns Händen entgegennahm.

Im Unklaren darüber, was vor sich ging, fragte John, was sie damit meinte.

„Heute vor 20 Jahren, in einer Nacht wie dieser, starb meine schöne Lydia bei einem Autounfall, etwa drei Meilen von hier entfernt." Die Frau fuhr fort: „Seitdem erscheint sie alle fünf Jahre einem jungen Mann wie Ihnen."

Die alte Frau ging in die Küche, goss sich ein Glas Whiskey ein und sah John an.

„Sie glauben mir nicht, oder?"

John war sprachlos, verwirrt und unfähig zu antworten.

Die alte Frau nahm einen Schluck und sagte: „Gehen Sie zum Friedhof gegenüber. Da liegt sie in der dritten Reihe." Dann gab sie John eine rote Rose. „Geben Sie ihr das. Sie hat Rosen immer geliebt."

Noch immer schockiert von der Geschichte, die er gerade gehört hatte, verließ John das Haus mit der Rose in der Hand. Er schaute zu seinem Auto und dachte ernsthaft darüber nach, dieser verrückten Situation zu entfliehen, doch dann sah er auf der anderen Straßenseite den Friedhof und fühlte sich gezwungen, ihn zu betreten.

John ging zur dritten Reihe, und tatsächlich stand dort auf dem Grabstein: LYDIA PENN.

Eine Mischung aus Angst und Verwirrung ließ John wie angewurzelt stehen bleiben. Er wollte wegrennen, doch dann fiel ihm auf, dass er die Rose immer noch mit seinen Händen umklammert hielt. John legte die Rose auf Lydias Grab und fuhr dann heim. Er benutzte dieselbe Straße noch einige weitere Jahre lang für seinen Arbeitsweg, aber die schöne, geheimnisvolle Frau sah er nie wieder.

Einige Leute werden behaupten, dass dies nichts anderes als eine Gruselgeschichte ist, und andere werden sagen, dass es sich hierbei um eine Großstadtlegende mit einem wahren Kern handelt. Falls du also jemals allein durch den ländlichen Mittleren Westen der USA fährst und dabei eine schöne Frau mit langem dunklem Haar und weißem Kleid die Straße entlanglaufen siehst, dann denke daran, dass es sich dabei um eine Geistererscheinung aus einer anderen Welt handeln könnte.

Doch keine Sorge. Alles was sie will, ist eine Mitfahrgelegenheit, eine Rose und einen Besuch auf ihrem Grab.

Morris der Kater hatte mehr als neun Leben

Wenn du deine Eltern fragst, welches das berühmteste Tier war, als sie in deinem Alter waren, dann werden sie dir vielleicht zu deiner Überraschung mitteilen, dass es eine Katze war. Genau, und zwar handelte es sich dabei um eine orange Tigerkatze, die als Werbeträger für die Katzenfuttermarke "9Lives" fungierte.

Da das Tier den Ruf der „wählerischsten Katze der Welt" hatte, konnte man sich sicher sein, dass die eigene Katze 9Lives mögen wurde, wenn Morris es mochte. Die 9Lives-Werbespots, mit Morris dem Kater in der Hauptrolle, gingen 1968 das erste Mal auf Sendung, doch es gibt noch viel mehr darüber zu erzählen, wie Morris zum Filmstar wurde und wie er so alt werden konnte.

Morris hatte ein schweres frühes Leben. Er wurde ausgesetzt und landete schließlich in einem Tierheim in Chicago, wo ihn der sichere Tod erwartete. Dort „entdeckte" ihn der Tierpfleger Bob Martwick. Dieser war von einer Werbefirma beauftragt worden, eine Katze zu finden, die das Gesicht der Katzenfuttermarke 9Lives werden sollte. Die Katze sollte gut aussehen, aber doch durchschnittlich und wie die meisten amerikanischen Katzen wirken.

Die wichtigste und vielleicht auch schwierigste Anforderung war, dass die Katze trainierbar sein musste.

Sicherlich haben viele von euch Katzen zu Hause und in diesen Fall wisst ihr auch, wie schwer es ist, einer Katze etwas beizubringen. Das liegt nicht daran, dass Katzen dumm sind, ganz im Gegenteil. Katzen machen einfach nur dann Dinge, wenn und wie sie dazu Lust haben.

Aber vielleicht weil Morris ein so hartes Leben hinter sich hatte und ihm eine schöne, bequeme Zukunft mit so viel 9Lives, wie er essen konnte, bevorstand, erwies er sich als recht lernfähiger Kater.

Morris lebte mit Martwick als dessen Haustier und war das Gesicht von 9Lives, bis er 1978 starb.

Falls du ein Elternteil bist und dies liest, dann denkst du jetzt vielleicht: „Ich erinnere mich noch, wie ich Morris den Kater in den 1980ern in der Werbung sah."

Nun, dabei spielt dir dein Verstand keinen Streich. Ähnlich wie bei Lassie, hat sich auch Martwick einen neuen „Morris" angeschafft, der ebenfalls bei ihm lebte und bis in die 90er diese Rolle übernahm. Ab den 90ern gab es einen dritten „Kater Morris", der sich 9Lives schmecken ließ und hin und wieder Fernsehauftritte absolvierte.

Im Laufe seiner Geschichte hat Morris der Kater in zwei Filmen mitgespielt, in Werbespots für Tierheime und Haustieradoption mitgewirkt und 1988 sogar für das Präsidentenamt kandidiert – was zwar nicht ganz ernst gemeint war, doch ein Spaß war es allemal und auch Morris schien die Aufmerksamkeit zu genießen!

Morris war vielleicht nicht ganz so beliebt wie Lassie, doch er hat bewiesen, dass Katzen von Millionen von Menschen genauso geliebt werden. Nachdem insgesamt drei Katzen Morris verkörpert haben, kann man außerdem sagen, dass er bisher 27 Leben gehabt hat.

Superkalifragilistischexpiallegorisch

Versuch mal, dieses „Wort" dreimal hintereinander schnell zu sagen. Es nur einmal auszusprechen ist schon schwierig genug. Wahrscheinlich denkst du, dass dies einfach ein albernes Wort ist, das keine wirkliche Bedeutung hat, doch damit liegst du falsch – na ja, zumindest teilweise.

Das Wort superkalifragilistischexpiallegorisch wurde durch ein Lied berühmt, das Dick Van Dyke und Julie Andrews im Disney-Musical *Mary Poppins* von 1964 sangen. Es ist gut möglich, dass du die jüngste Fortsetzung des Originalfilms *Mary Poppins* gesehen hast, oder vielleicht hast du auch das Original gesehen und dich gefragt, was dieses alberne Wort bedeutet.

Nun, das Wort gab es tatsächlich schon lange bevor es von Van Dyke und Andrews auf der Leinwand ausgesprochen und berühmt gemacht wurde.

Laut des *Oxford English Dictionary* von 1931 ist mit diesem Wort „alles Grandiose, Großartige, Herrliche, Prächtige, Erstklassige und Wunderbare" gemeint. Die Schreibweise änderte sich in den mehr als dreißig Jahren vor der Produktion von *Mary Poppins* etwas, die Bedeutung blieb aber im Grunde gleich.

In den 1940er und 50er Jahren wurde es zu einem der Wörter, die von jungen Menschen gerne gebraucht wurden, um sich von der Generation der Eltern abzuheben, wie etwa „dufte", „knorke", „bescheuert" oder „Heini".

Wie kam es also zur Verwendung von superkalifragilistischexpiallegorisch in *Mary Poppins*? Schließlich ist die Figur Mary Poppins ursprünglich einem Buch entlehnt, wo es keine Gesangs- oder Tanzeinlagen gab. Nun, als *Mary Poppins* zu einem Musical umgearbeitet wurde, schrieben die Brüder Robert und Richard Sherman die Lieder dafür. Die Sherman-Brüder sagten später, sie hätten das Wort als Kinder gehört, auch wenn sie damals noch nicht wussten, dass es eine Bedeutung hatte. Es war einfach ein Wort mit lustigem Klang, an das sie sich noch im Erwachsenenalter erinnerten.

Die Fremdartigkeit des Wortes war einer der Gründe, warum *Mary Poppins* so großen Erfolg hatte. Es ist eindeutig eine der einprägsamsten Szenen des Films, und das Lied selbst wurde im Radio häufig gespielt. Sogar in die Top 100 und in die Adult Contemporary Charts des Magazins *Billboard* schaffte es das Lied.

So schwierig superkalifragilistischexpiallegorisch auszusprechen sein mag, ist es dennoch nicht das längste bekannte Wort der deutschen Sprache. Das längste veröffentlichte Wort ist der Name einer bestimmten Chemikalie mit fast 2000 Buchstaben. Viel zu lang, um es hier auszuschreiben!

Das längste im Duden aufgeführte Wort ist:

- Aufmerksamkeitsdefizithyperaktivitätsstörung, was der Name einer Verhaltensstörung ist. Mit 44 Buchstaben ist Aufmerksamkeitsdefizithyperaktivitätsstörung um sieben Buchstaben länger als superkalifragilistischexpiallegorisch.

Zum Glück für dich ist die Wahrscheinlichkeit, dass du eines dieser Wörter in nächster Zeit verwenden musst, gering bis nicht vorhanden.

Die Wikinger erfanden das Eislaufen, das Skifahren und das Schlittenfahren

Wenn du in einer kälteren Region in Nordamerika, Europa oder Asien, oder in einer Hochgebirgsregion irgendwo auf der Welt lebst, dann magst du wahrscheinlich Wintersport und Winteraktivitäten. Der Winter kann dort ziemlich lange dauern, weshalb es wichtig ist, aus dem Haus zu kommen und ein bisschen frische Luft zu schnappen, Schneemänner und -festungen zu bauen, Schneeballschlachten mit deinen Freunden und Nachbarn auszutragen oder einer der vielen möglichen Wintersportarten nachzugehen.

Dort, wo ich aufwuchs, war Eishockey eine beliebte Sportart, die wir auf Eisbahnen in der Nachbarschaft ausübten und falls wir nicht genug Kinder für ein Match zusammenbrachten, sind wir einfach Schlittschuh gelaufen.

Du kannst es dir vielleicht nur schwer vorstellen, aber die Wikinger sind dafür verantwortlich, dass Eislaufen, Skifahren *und* Schlittenfahren erfunden oder populär wurden. Die Wikinger sind als furchtlose Plünderer und Eroberer im mittelalterlichen Europa bekannt, doch sie waren auch große Wintersport-Fans. Oft waren es genau jene Wintersportaktivitäten, die ihnen dabei halfen, andere Gegenden zu plündern und zu erobern.

Die Wikinger kamen aus einer Gegend in Europa, die heute unter dem Namen Skandinavien bekannt ist und die Länder Norwegen, Schweden, Dänemark, Island, und Finnland umfasst. In Skandinavien gibt es unzählige Seen und Wälder und weil die Region so weit im Norden liegt, sind diese Seen während eines Großteils des Winters zugefroren.

Wenn also Lars, der Wikingerkönig, mit dir zusammen Erik, den Wikingerkönig, auf der anderen Seite des Berges im Winter überfallen wollte, dann hätte es lange dauern und sehr gefährlich sein können, eine Spur durch den Schnee zu schlagen.

Wenn sich die Armee von Lars nur langsam durch den Schnee kämpfte, dann konnten Erik und seine Jungs sich einfacher auf sie stürzen, nicht wahr?

Also dachten sich die Wikinger Methoden aus, um sich schneller in Schnee und Eis fortzubewegen.

Die ersten Schlittschuhe wurden etwa 2000 v. Chr. in Finnland erfunden, was etwa 3000 Jahre war, bevor es die Wikinger gab. Eislaufen verbreitete sich in Skandinavien und war bereits ein alltäglicher Teil der skandinavischen Kultur, als die Wikinger im 8. Jahrhundert n. Chr. die ersten Königreiche gründeten.

Auch das Schlittenfahren wurde in Skandinavien entwickelt, da die Skandinavier Schlitten benutzten, um Waren und Menschen über schweren Schnee und zugefrorene Seen zu befördern. Einige der frühesten Schlitten wurden zusammen mit dem bekannten Oseberg-Schiff gefunden. Das war ein riesiges Wikingerschiff, das im frühen 9. Jahrhundert n. Chr. in europäischen Gewässern segelte.

Die Wikinger kombinierten schließlich ihr Wissen über Schlittschuhe und Schlitten, um einige der ersten Pferdeschlitten der Welt zu bauen. Eine Geschichte aus der Wikingerzeit namens „Die Geschichte von Halvdan dem Schwarzen" berichtet, wie der Wikingerkönig Halvdan (820 – 860 n. Chr.) ein tragisches Ende fand, als er mit dem Pferdeschlitten einen zugefrorenen See überqueren wollte:

> „Halvdan der Schwarze fuhr vom Festgelage in Hadeland in einem Pferdeschlitten zurück und seine Route verlief so, dass er den See von Rönd überqueren musste. Es war Frühling und das Eis taute. Sie fuhren über Röksenvik, wo den Winter über eine Viehmarkierung stattgefunden hatte. Der Viehmist war auf das Eis gefallen und hatte sich während des Frühjahrstaus in das Eis eingefressen. Als der König darüber hinwegfuhr, brach das Eis unter ihm ein, so dass er und viele Männer mit ihm ertranken."

Die Wikinger sind auch für die Popularität des Skifahrens verantwortlich. Ähnlich wie das Eislaufen, wurde das Skifahren lange vor den Wikingern in Skandinavien erfunden, doch die Wikinger nutzten es – besonders die Variante, die heute als Langlauf bekannt ist –, um sich schnell in waldigen Gebieten auf schwerem Schnee fortzubewegen.

Wikingerski waren sehr einfach gebaut. Sie bestanden aus Holzbrettern, die je nach Handwerker auf verschiedene Längen zurechtgeschnitten und geräuchert wurden. Das Wort „Ski" ist ein uraltes Wort aus dem Altnordischen (der Sprache der Wikinger) und bedeutet „gespaltenes Holz".

Wenn du also das nächste Mal mit deiner Familie oder mit Freunden Schlittenfahren, Skifahren oder Eislaufen gehst, dann weißt du, dass du die Ausrüstung, die du dabei benutzt, dem Eroberungsdrang und der Kriegsmentalität der Wikinger zu verdanken hast.

Zweiköpfige Schlangen

Die Menschheitsgeschichte steckt voller Mythen und Legenden über Kreaturen mit zwei oder noch mehr Köpfen. Das vielleicht bekannteste dieser vielköpfigen Monster war die Hydra aus der griechischen Mythologie. Der Mythos berichtet, dass der Hydra ein neuer Kopf wuchs, sobald sie einen ihrer Köpfe verlor.

Zum Glück ist die Hydra nur ein Mythos und wir müssen uns nicht vor einer mehrköpfigen Schlange fürchten, und doch steckt in jedem Mythos ein bisschen Wahrheit.

Überall im Tierreich, was auch uns Menschen umfasst, gibt es immer wieder Spezies, bei denen eine Krankheit namens *Polyzephalie* auftritt. Ich weiß, das sieht jetzt aus wie die Antwort auf die Eine-Million-Euro-Frage, doch dieses Wort besteht eigentlich nur aus zwei Wörtern: „Poly", was das griechische Wort für „viele" ist, und „kephali", ein ebenfalls griechisches Wort, das „Kopf" bedeutet.

Demnach bedeutet Polyzephalie einfach „viele Köpfe", doch in den meisten Fällen dreht es sich nur um zwei Köpfe.

Ja, es gibt tatsächlich Lebewesen, die mit zwei Köpfen geboren wurden, und sogar zweiköpfige Menschen … mehr oder weniger zumindest.

Manchmal werden menschliche Zwillinge geboren, die sich im Bauch der Mutter nicht vollständig getrennt haben. Solche

Zwillinge sind unter dem Namen *siamesische Zwillinge* bekannt. Siamesische Zwillinge können an verschiedenen Stellen des Körpers zusammengewachsen sein, aber wenn Zwillinge mit zwei Armen, zwei Beinen *und* zwei Köpfen geboren werden, dann haben sie Polyzephalie. Ein siamesisches Zwillingspaar sieht aus wie eine Person mit zwei Köpfen.

Natürlich kommt dies beim Menschen äußerst selten vor, ist aber auch nicht völlig unbekannt. Vielleicht sind dir Abigail und Brittany Hensel von ihrer Fernsehsendung *Abby & Brittany* auf dem Kanal *The Learning Channel* ein Begriff. Falls du die Hensel-Zwillinge nicht kennst: Sie sehen tatsächlich aus wie eine Person mit zwei Köpfen. Obwohl Polyzephalie beim Menschen sehr selten auftritt und normalerweise auch ein leider kurzes Leben nach sich zieht, ist diese Fehlbildung bei manchen Tieren gar nicht so selten.

Polyzephalie kommt am häufigsten bei Schlangen und Schildkröten vor, wobei aber Tiere mit dieser Fehlbildung meist nicht lange überleben.

Einige zweiköpfige Schlangen wurden von Wissenschaftlern schon gefangen, gepflegt und mehrere Jahre lang am Leben gehalten. Eine Albino-Rattenschlange namens „We" wurde acht Jahre lang am Leben gehalten und eine schwarze Rattenschlange lebte sogar 20 Jahre lang. Wissenschaftler haben sogar bestätigt, dass einige dieser zweiköpfigen Schlangen normale Nachkommen zeugten.

Wissenschaftler haben versucht, der Ursache von Polyzephalie auf die Spur zu kommen, hatten aber bisher keinen Erfolg. Ihre Hoffnung besteht darin, durch das Herausfinden der Ursache zukünftige Fälle vermeiden zu können.

Bis es so weit ist, hab keine Angst, falls du je einem Tier oder einem Menschen mit Polyzephalie begegnest! An dieser

Fehlbildung ist nichts Gefährliches und sie ist nicht ansteckend. Außerdem sind zwei Köpfe besser als einer!

Träumen Hunde?

Wenn du einen Hund hast, dann hast du ihn oder sie bestimmt schon einmal beim Schlafen beobachtet. Falls du deinem Hund lange genug beim Schlafen zugesehen hast, dann ist dir bestimmt auch aufgefallen, wie er dabei manchmal zuckt und sich umdreht. Ich erinnere mich noch, wie ich zum ersten Mal meinen Hund im Schlaf zucken sah und mir dachte: „Jake muss wohl träumen!"

Doch können Hunde, oder auch Katzen, überhaupt träumen, während sie schlafen?

Nun, ich habe meine Eltern und sogar ein paar Lehrer gefragt, ob Hunde träumen, doch niemand schien wirklich eine Antwort zu haben. Viele sagten, dass die Zuckungen nur Reflexe seien, während andere meinten, dass Hunde tatsächlich träumen. Man darf aber nicht vergessen, dass meine Kindheit schon lange zurückliegt. Vieles hat sich geändert und wir wissen jetzt viel mehr über die Biologie der Tiere.

In den letzten Jahren sind Wissenschaftler zu dem Schluss gekommen, dass alle Säugetiere, also auch Hunde und Katzen, einen Schlafzyklus durchlaufen, der dem unseren sehr ähnlich ist. Der für das Träumen wichtigste Teil des Schlafzyklus ist unter dem Namen „Rapid Eye Movement" oder REM bekannt. Obwohl deine Augenlider dabei normalerweise geschlossen bleiben, bewegen sich deine

Augen schnell hin und her, da dein Gehirn mit genau der gleichen Leistung wie im Wachzustand arbeitet.

Die REM-Schlafphase ist auch die Phase, in der du am klarsten träumst.

Studien haben gezeigt, dass dein Hund tatsächlich träumt, wenn du siehst, wie er oder sie auf dem Fußboden liegend zuckt, da Hunde ebenfalls eine REM- Schlafphase haben.

Wovon träumen Hunde also?

Wie du weißt, können Träume manchmal ganz schön seltsam und verwirrend sein, doch normalerweise kommen darin Orte, Menschen und Dinge aus deinem alltäglichen Umfeld vor. Wissenschaftler glauben, dass das Gleiche für Hunde gilt. Ein Wissenschaftler hat es so ausgedrückt: „Im Großen und Ganzen haben wir herausgefunden, dass Hunde von Hunde-Dingen träumen."

Wissenschaftler sind auch der Meinung, dass kleine Hunde häufiger träumen als große Hunde, große Hunde jedoch längere Träume haben.

Es lässt sich nicht mit letzter Sicherheit sagen, wovon die Träume deines Hundes handeln, aber aufgrund der Tatsache, dass Hunde träumen, sind Forscher der Meinung, dass Hunde wahrscheinlich auch schlecht träumen oder Alpträume haben. Wenn du schon einmal einem Hund beim Träumen zugesehen hast, dann hast du wahrscheinlich auch schon ein Verhalten an ihm beobachtet, dass von einem Alptraum herzurühren schien. Dabei beginnt das arme Tier, sich auf dem Boden zu wälzen und sich mit den Pfoten im Gesicht zu kratzen. Auch wenn du deinen Hund vor solch bösen Träumen schützen möchtest, raten die Experten, dass er sie selbst durchstehen muss.

Sei einfach zur Stelle, um deinen Hund zu streicheln, wenn er aufwacht und um ihm damit zu signalisieren, dass er in Sicherheit ist.

Jetzt wissen wir also, dass Bello träumt, aber wie sieht es bei Mimi aus?

Nun, da Katzen, genau wie Hunde und Menschen, Säugetiere sind, treffen hier die gleichen Regeln zu. Wenn du genug Zeit mit Katzen verbracht hast, dann hast du sie sicherlich schon beim Schlafen beobachtet (Katzen schlafen echt ständig, nicht wahr?). Dir ist dabei bestimmt aufgefallen, dass sie – ähnlich wie schlafende Hunde – manchmal zucken.

Weil Katzen genauso intelligent wie Hunde sind (mehr zu dieser Debatte später im Buch), können sie auch ziemlich detailliert von katzentypischen Dingen träumen. Der Hauptunterschied liegt darin, dass Katzen kürzere Schlafphasen haben. Eine Katze wird wach, steht auf, holt sich etwas zu fressen oder geht aufs Katzenklo und legt sich dann wieder schlafen, um vom Mäusefangen zu träumen.

Wir alle lieben unsere Haustiere, weil sie uns in vielerlei Hinsicht ähneln. Jetzt wissen wir auch, dass Träume etwas sind, das wir mit unseren geliebten vierbeinigen Freunden teilen.

Weshalb *Star Wars* dir etwas vortäuscht

Es ist gut möglich, dass du die jüngsten *Star Wars*-Filme gesehen hast und du davon begeistert warst. Wahrscheinlich hast du sie dir mit deinen Eltern angesehen, die möglicherweise Fans der Prequel-Trilogie aus den späten 1990ern und frühen 2000ern sind.

Vielleicht hast du auch die drei Originalfilme mit deinen Eltern und Großeltern gesehen.

Es besteht kein Zweifel daran, dass die *Star Wars*-Filme einen wichtigen kulturellen Platz in der modernen Gesellschaft einnehmen, was allerdings auch auf andere Science-Fiction-Serien, die im Weltraum spielen, zutrifft, wie etwa *Star Trek*, *Buck Rogers* und *Battlestar Galactica* (die beiden letzten waren ein bisschen vor deiner Zeit, aber sieh sie dir bei Gelegenheit ruhig einmal auf Prime, Netflix oder YouTube an!).

Science-Fiction ist beliebt, weil es viele Elemente von guter Unterhaltung vereint: Action, Abenteuer und Spezialeffekte, um nur ein paar zu nennen. Wir alle wissen, dass die außerirdischen Wesen in den Filmen nicht wirklich existieren (oder zumindest hoffen wir das!) und dass bis zur Entwicklung von coolen Laserkanonen und Raumschiffen, die sich mit Überlichtgeschwindigkeit fortbewegen, noch Jahre vergehen werden. Und doch kommen in diesen Filmen immer wieder Dinge vor, die einfach unmöglich sind.

Ich meine, wissenschaftlich unmöglich!

Werfen wir einen Blick auf die großartigste aller Szenen in jeder Science-Fiction-Sendung, die im Weltraum spielt - die Raumschiffschlacht.

Das ist doch der absolut genialste Teil eines jeden Weltraumfilms, oder? Man sieht Raumschiffe, die sich gegenseitig jagen, mit Laserkanonen schießen und in die Luft fliegen. Die Spezialeffekte lassen es so cool und real erscheinen.

Außer, dass es natürlich nicht real ist.

Nein, die Explosionen, die du siehst und hörst, könntest du im Weltraum auf keinen Fall sehen und hören.

Beginnen wir mit den fantastisch aussehenden Feuerbällen, die aus explodierenden Raumschiffen herausschießen. Das mag alles sehr cool aussehen, aber in Wirklichkeit benötigt Feuer Sauerstoff, wovon es im Weltraum nur sehr wenig gibt. Es ist zwar möglich, im Weltraum eine Flamme zu entfachen, doch nicht jene Art von riesiger Feuerexplosion, wie du sie in Filmen siehst.

Und was ist mit dem Lärm, der durch die Explosion verursacht wird?

Nun, Schall breitet sich, ähnlich wie Licht und Hitze, in Wellenform aus. Der Schall wird erzeugt und „reitet" buchstäblich auf einer Welle, bis die Wellen sich abschwächen und auflösen. Im Gegensatz zu Licht und Hitze benötigen Schallwellen aber mikroskopisch kleine Moleküle, an die sie sich anheften können.

Die Moleküle können aus allem möglichen bestehen und auf der Erde schwirren mehr als genug dieser Moleküle herum. Im Weltraum gibt es durchaus Moleküle, jedoch sind diese nur einzeln verstreut. Daher kann im Weltraum Schall zwar erzeugt werden, jedoch verliert er sich sofort im Vakuum des Alls.

Heißt das, dass im Weltraum Dinge nicht in die Luft fliegen können? Nein, das bedeutet es überhaupt nicht, sondern nur, dass du wahrscheinlich nichts hören und nur ein gleißendes Licht sehen würdest, wenn du dich als Astronaut auf einem Weltraumspaziergang vor deinem Raumschiff befindest, wenn es explodiert.

Mit anderen Worten, es würde lange nicht so cool aussehen wie in den *Star Wars*-Filmen.

Die wunderbare
Welt von Disney

Ein Schultag kann sich endlos in die Länge ziehen und langweilig sein. Klar, es gibt auch Fächer, die dir gefallen, und du hast jede Menge Spaß mit deinen Schulfreunden, doch nach einem langen Tag willst du einfach nur nach Hause, dich mit deinem Hund oder deiner Katze auf das Sofa setzen und ein bisschen fernsehen.

Es ist gut möglich, dass der erste Kanal, den du dann einschaltest, der Disney Channel ist.

Seit 1983 zeigt der Disney Channel klassische Cartoons, Disney-Filme und neuerdings auch Originalprogramme für Kinder jeden Alters. Da der Disney Channel sowohl junge Kinder als auch Teenager anspricht, ist er einer der beliebtesten Kabelkanäle in den Vereinigten Staaten und wird in mehreren Ländern der Welt ausgestrahlt.

Möglicherweise hast du einige der klassischen Disney-Filme mit deinen Eltern und Großeltern gesehen. Du hast wahrscheinlich *Arielle, die Meerjungfrau*, *Bambi* und *Cinderella* schon genauso oft wie die neueren Sendungen und Filme auf dem Disney Channel gesehen. Disney war vermutlich ein wichtiger Teil deiner Kindheit, so wie es das für deine Eltern und Großeltern war.

Was weißt du eigentlich über die wunderbare Welt von Disney?

Der Disney Channel hat seinen Namen vom Gründer der Disney Corporation, Walter Disney, besser bekannt als „Walt" Disney. Disney wurde 1901 als Sohn einer mittelständischen Familie in Chicago im Bundesstaat Illinois geboren und lebte die meiste Zeit seiner Kindheit an verschiedenen Orten im mittleren Westen. Walt zeigte schon früh ein Talent für Zeichnen und Kunst, doch was ihn von der Mehrzahl der anderen Künstler unterschied, war seine Vorstellungskraft.

Walt Disney hatte eine unglaubliche Fähigkeit, sich Märchenfiguren und Fantasiewelten auszudenken und sie in interessante Geschichten zu verpacken, die die ganze Familie gemeinsam genießen konnte. Einige Disney-Charaktere, wie etwa Dumbo, entsprangen komplett seiner eigenen Vorstellung, während andere, wie zum Beispiel Schneewittchen und Cinderella, auf europäischen Volksmärchen und Mythen basierten.

Disneys berühmteste Kreation war natürlich Mickey Mouse.

Die Idee zu Mickey Mouse kam Disney Ende der 1920er Jahre und im Jahr 1928 hatte Mickey seinen ersten Auftritt in einem Film. Ab Anfang der 1930er Jahre waren die Cartoons über Mickey, Minnie, Goofy, Pluto und all die anderen Disney-Charaktere bei Kindern auf der ganzen Welt beliebt.

So großartig Disney als Künstler und Schriftsteller auch war, so beeindruckend war er auch als Geschäftsmann.

Die Disney-Welt mag dem genialen Geist und Herzen von Walt Disney entsprungen sein, doch erst sein Geschäftssinn machten diese Filme und Cartoons weltberühmt.

Nachdem er in den 1920ern zusammen mit seinem Bruder Roy das Disney Brothers Studio in Los Angeles, Kalifornien, gegründet hatte, ging Walt über Animations- und Zeichentrickfilme hinaus und brachte sein kreatives Genie und seine Fantasie noch mehr Menschen auf der ganzen Welt nahe.

Der nächste große Schritt für Disney war die Eröffnung des inzwischen berühmten Freizeitparks Disneyland in Anaheim, Kalifornien, im Jahr 1955. Disneyland erwies sich als unmittelbarer finanzieller Erfolg, aber noch wichtiger war, dass es Millionen von Kindern und ihre Familien in den Freizeitpark lockte. Disneyland trug nicht nur dazu bei, Disneys Ideen auf der Welt zu verbreiten, sondern machte auch Freizeitparks im Allgemeinen populär.

Die meisten anderen heutigen Themen- und Vergnügungsparks wurden Disneyland nachempfunden und direkt von ihm beeinflusst.

Wenn du also das nächste Mal von der Schule nach Hause kommst, dir eine Limo einschenkst und deine Lieblingssendung auf dem Disney Channel schaust, dann denke daran, dass alles, was du siehst, das Ergebnis der wunderbaren Fantasie und des Talents von Walt Disney ist.

Leber gefällig?

Einer der schwierigsten Aspekte des Erwachsenwerdens ist es, Dinge zu tun, die man nicht tun will (und, soviel verrate ich dir, daran ändert sich auch nicht viel als Erwachsener!).

Du musst zur Schule gehen.

Du musste deine Hausaufgaben machen.

Und du musst das essen, was dir deine Eltern auf den Tisch stellen.

Du kannst leider nicht die ganze Zeit Pizza, Cheeseburger und Eiscreme essen. (Ich frage mich gerade, wie es wohl schmecken würde, wenn man alle drei in einer Schüssel vermischt!)

Ja, auch Erbsen, oder noch schlimmer, Brokkoli, gehören auf deinen Speiseplan. Oder am allerschlimmsten, Leber. Ich weiß, du denkst jetzt genau wie ich in deinem Alter: „Leber als Nahrungsmittel – was soll das eigentlich?"

Nun, so sehr du vielleicht denkst, dass deine Eltern dich genüsslich quälen, indem sie dir Leber zu essen geben, so haben sie doch nur das Beste für dich im Sinn. Die Leber ist ein inneres Organ, das alle Wirbeltiere besitzen und das zur Entgiftung des Körpers beiträgt. Speiseleber kann von verschiedenen Tieren stammen – von Schweinen, Kühen, Fischen, vom Lamm oder von verschiedenen Vögeln – doch am häufigsten wird in Geschäften Rinds- oder Dorschleber angeboten. Leber ist eine gute Quelle an Eisen, Kupfer und den Vitaminen A und B.

Mit anderen Worten, Leber ist gut für dich und du wirst vielleicht bemerken, dass nicht wenige Erwachsene Leber tatsächlich gern essen. Ich weiß, du fragst dich jetzt, wie das sein kann, da Leber von Kindern fast immer verschmäht wird.

Die Antwort darauf ist nicht ganz eindeutig, doch Lebensmittelwissenschaftler (ja, so etwas gibt es) meinen, dass sie ein paar Erklärungen gefunden haben.

Unabhängig von unserer Herkunft scheinen wir Menschen alle eine natürliche Vorliebe für süße und fettige Lebensmittel zu haben. Aus diesem Grund mag fast jeder Eiscreme und Pizza. Andererseits schmecken fast niemandem bittere Lebensmittel.

Was Leber angeht, so hat diese einen sehr intensiven Geschmack. Du hast wahrscheinlich schon das Sprichwort „Alles schmeckt wie Hühnchen" gehört, oder? Nun, dies trifft auf Lebergerichte nicht zu – nicht einmal auf Hühnerleber! Da die Lebern verschiedener Tiere regelmäßig verzehrt werden, ist der Geschmack tatsächlich unterschiedlich. Kalbsleber wird im Allgemeinen als am wohlschmeckendsten angesehen, während die Leber einer ausgewachsenen Kuh einen sehr prägnanten Geschmack hat, der für die meisten Kinder zu intensiv ist.

Wissenschaftler weisen auch darauf hin, dass sich unsere Vorlieben für Lebensmittel im Laufe unseres Lebens ändern. Kinder sind in der Regel bezüglich ihres Speiseplan etwas wählerischer und weiten ihre Lebensmittelpalette aus, wenn sie erwachsen werden. Speisen, die du jetzt nicht ausstehen kannst, schmecken dir also vielleicht in zehn Jahren.

Wenn also deine Mama oder dein Papa dir das nächste Mal einen Teller heiße Leber vor die Nase setzt, dann denk daran, dass dir das dabei hilft, gesund heranzuwachsen. Denk auch daran, dass du, so schwer es auch zu glauben sein mag, vielleicht eines Tages Leber mögen wirst!

Mumifiziere
einen Hot Dog!

Ich weiß nicht, wie es dir geht, aber für mich waren Mumien immer die coolsten Filmmonster. Ich meine, da gibt es den altägyptischen Pharao (oder Priester), der durch irgendeinen geheimnisvollen Fluch wieder zum Leben erweckt wird. Wenn er erst einmal erweckt wurde, dann kann ihn nur das Wissen der alten Ägypter wieder zurück in seine Grabkammer verbannen!

Zum Glück gibt es das nur im Film und wir müssen uns nicht mit 3000 Jahre alten Mumien, die uns in Angst und Schrecken versetzen, herumschlagen. Du weißt aber, dass Mumifizierung tatsächlich praktiziert wurde, nicht wahr?

Die alten Ägypter zählten zu den ersten Völkern der Welt, die ausführlich über ein Leben nach dem Tod schrieben. Sie glaubten, dass alle Güter und materiellen Objekte in deinem Grab nach dem Tod auf magische Weise im nächsten Leben weder auftauchen würden, und dazu zählte auch der Körper.

Der Mumifizierungsprozess dauerte lang und umfasste eine Mischung aus wissenschaftlichen und religiösen Praktiken. Die inneren Organe, bis auf das Herz, wurden entnommen und in Gefäße, sogenannte Kanopen, gelegt. Der Körper wurde dann mehrere Wochen lang in einer Substanz namens

Natron eingelegt, worauf er in Leinen gewickelt und in seine Grabkammer gelegt wurde.

Natron war die wichtigste Zutat, welche die Mumien haltbar machte und dafür sorgte, dass sie später wieder zum Leben erwachen konnten … nein, Spaß! Es konservierte die Mumien aber tatsächlich genug, damit Wissenschaftler sie untersuchen konnten und wir sie heute in Museen betrachten können.

Du denkst jetzt vielleicht: „Was ist Natron? Das klingt wie eine Art magische Zutat."

Der Name Natron mag vielleicht außergewöhnlich klingen, doch es handelt sich dabei um ein natürlich vorkommendes Mineral, das sich in Wüstengegenden und Gebirgszügen auf der ganzen Welt findet. Natron enthält den Wirkstoff Natriumbikarbonat, welcher menschliches Gewebe konserviert. Die meisten natürlich vorkommenden Natronablagerungen bestehen zu 17% aus Natriumbikarbonat. Außerdem ist Natriumbikarbonat der Wirkstoff in Backnatron.

Da du jetzt über den Mumifizierungsprozess ein wenig Bescheid weißt, lass uns ein kleines, lustiges Mumifizierungsexperiment wagen! Du benötigst einen Hot Dog, eine relativ tiefe Plastikdose, die etwas länger als der Hot Dog sein soll, und eine ungeöffnete Packung Backnatron.

Miss zuerst die Länge und den Umfang des Hot Dogs und wiege ihn dann. Schreib dir diese Messwerte auf, da du sie später noch brauchen wirst.

Öffne als Nächstes die frische Schachtel Backnatron und streue eine etwa 2,5cm hohe Schicht auf den Boden deiner Plastikdose. Lege dann den Hot Dog hinein und bedecke ihn mit einer weiteren, etwa 2,5cm hohen Schicht Backnatron.

Setze schließlich der Dose ihren Deckel auf und achte darauf, dass sie luftdicht verschlossen ist. Stelle dann die Dose eine Woche lang an einen dunklen und trockenen Ort. Die alten Ägypter haben mit ihren Mumien genau das Gleiche getan. Nachdem die Körper in Natron eingelegt worden waren, wurden sie zum Trocknen in dunkle, trockene Lagerhäuser gebracht.

Öffne die Plastikdose nach einer Woche und entnimm den Hot Dog. Dir dürfte gleich auffallen, dass dein Hot Dog viel dunkler und vielleicht auch kleiner geworden ist. Miss den Hot Dog und zeichne deine Beobachtungen auf, um festzustellen, ob der Hot Dog geschrumpft ist und wenn ja, um wie viel.

Wenn du das Experiment noch weiterführen möchtest, dann leere einfach das Backnatron aus dem Behälter aus, reinige ihn und fülle frisches Backnatron nach. Lege den Hot Dog zurück in den Behälter, bedecke ihn mit Backnatron und stelle das Ganze für eine weitere Woche an einen dunklen und trockenen Ort.

Im Handumdrehen wirst du zum Hot-Dog-Mumifizierungsexperten werden! Du wirst aber auch – und das ist noch wichtiger – etwas über die Art und Weise gelernt haben, in der die Menschen des alten Ägypten ihre wissenschaftlichen Kenntnisse einsetzten. Für die alten Ägypter war Natron eine Gabe der Götter und da du jetzt gelernt hast, einen Hot Dog zu mumifizieren, kannst auch du dir diese Gabe zunutze machen.

Ein sprechendes Pferd
beherrschte einst das Fernsehen

Dir ist bekannt, dass Lassie in Film und Fernsehen einige Zeit lang die Schnauze vorn hatte und dass Morris in den 1980er Jahren zu den bekanntesten Katzen weit und breit gehörte, doch wusstest du auch, dass ein Pferd etwa fünf Jahre lang das beliebteste Tier im Fernsehen war? Zwischen 1961 und 1966 schalteten Millionen von Menschen – deine Großeltern wahrscheinlich miteingeschlossen – jede Woche ihre Fernsehgeräte ein, um *Mister Ed* anzusehen.

Mister Ed war keine gewöhnliche Sendung über ein überdurchschnittlich kluges Haustier.

Nein, Mister Ed, das Pferd, das auch der Hauptdarsteller der Sendung war, war schlauer als alle anderen Charaktere der Sendung. Mister Ed war sogar so schlau, dass er sprechen konnte, auch wenn er nur mit seinem liebenswürdigen, doch etwas naiven Besitzer Wilbur sprach.

Wilbur als Mr. Eds Besitzer zu bezeichnen ist allerdings nicht ganz richtig.

In der Sendung hat sich Wilbur ein neues Haus gekauft, zu dem zufällig auch ein Pferd gehörte. Wilbur war nicht unbedingt begeistert darüber, Pferdebesitzer zu sein, doch als Mister Ed mit ihm redete, war für ihn klar, dass er den Palomino (ein Pferdetyp mit goldener Fellfarbe und weißer oder cremefarbener Mähne und Schwanz) unmöglich weggeben konnte. Von diesem Moment an waren Wilbur und Mister Ed unzertrennlich und die beiden waren jede Woche in allerlei dumme Streiche verwickelt.

In einer Sendung absolvierte Mister Ed ein Probetraining bei den Los Angeles Dodgers (einer amerikanischen Baseballmannschaft).

In einer anderen Folge lernte Mister Ed das Autofahren und sogar, wie man ein Flugzeug steuert.

Dann war da die Folge, in der Mister Ed als musikalischer Alleinunterhalter auftrat.

Und wer erinnert sich nicht an die Episode, in der Mister Ed sich Streifen aufmalte, damit er als Zebra auftreten und in einem Zoo leben konnte!

Nun, du verstehst schon. *Mister Ed* war jene Art von Serie, die jedem in der Familie gefiel. Sie war auch ein Hit, weil sie Elemente der damals beliebten Farm/Western-basierten Fernsehsendungen mit einem Hauch Übernatürlichem kombinierte. Es besteht aber kein Zweifel daran, wer die Serie so populär machte – Mister Ed selbst.

Wer war also der echte Mister Ed und wie schafften es die Regisseure der Serie, dass es den Anschein erweckte, als würde er wirklich mit den menschlichen Charakteren reden und interagieren?

Mister Ed war ein gut aussehender Palomino, dessen wirklicher Name „Bamboo Harvester" lautete. Er wurde 1949 im sonnigen Süden von Kalifornien geboren. Da er ein aufgewecktes und hübsches Pony war, das inmitten der Unterhaltungsindustrie lebte, war es nur eine Frage der Zeit, bis der Stern von Bamboo Harvester aufgehen würde!

Bamboo Harvester wurde von Les Hilton, einem in Hollywood ansässigen Tiertrainer, entdeckt. Ihm war die Fähigkeit des Pferdes aufgefallen, gut mit Menschen klarzukommen und Anweisungen auf Befehl zu folgen.

Als die Produktion von Mister Ed anlief und Bamboo Harvester für die Titelrolle engagiert wurde, musste Hilton herausfinden, wie er das Pferd dazu bringen konnte, verschiedene Dinge auf Befehl zu tun. Überraschenderweise erwies sich dies als einfacher als zunächst angenommen.

Bamboo Harvester folgte den Kommandos ziemlich gut, weil er intelligent und immer darauf erpicht war, Hilton und den anderen Hauptdarstellern zu gefallen, allen voran Alan Young, der Wilbur spielte. Der schwierigste Teil war es, die Maulbewegungen von Bamboo mit den gesprochenen Worten in Einklang zu bringen. Mister Eds Text wurde vom Synchronsprecher Allan „Rocky" Lane eingesprochen, der später als die „Stimme von Mister Ed" bekannt wurde. Den Regisseuren der Serie war es dennoch wichtig, das sprechende Pferd so real wie möglich erscheinen zu lassen.

Du darfst nicht vergessen, all das war Jahrzehnte bevor es Computeranimation gab.

Anfänglich ließ Hilton Bamboo mithilfe eines dünnen Nylonfadens in seinem Maul den Anschein erwecken, als würde er sprechen. Immer wenn Mister Ed Text zu sprechen hatte, zog Hilton synchron zu den zuvor aufgenommenen Worten von Lane am Nylonfaden.

Doch anscheinend war Bamboo Harvester fast so schlau wie seine Fernsehfigur. Nach kurzer Zeit schaffte Hilton es, Bamboo seine Lippen bewegen zu lassen, indem er ihm auf die Hufe klopfte. Und kurz darauf begann Bamboo sich an

Young als Stichwortgeber zu orientieren und dann die Lippen zu bewegen, wenn jener zu reden aufhörte.

Als *Mister Ed* eingestellt wurde, wurde Bamboo Harvester in ein bequemes Seniorendasein in einem vornehmen Pferdestall entlassen. Er starb 1970 und wurde auf einer Ranch in Oklahoma begraben.

Es wurde darüber nachgedacht, eine Neuauflage von *Mister Ed* als Fernsehserie oder Spielfilm zu produzieren, doch die meisten Leute sind sich einig, dass es ohne Bamboo Harvester einfach nicht das Gleiche wäre.

Das wunderbare Gehirn

Was unterscheidet Menschen von anderen Tieren? Diese Frage wird bereits seit Jahrhunderten gestellt und diskutiert, wahrscheinlich schon in prähistorischer Zeit. Manche Leute suchen in der sichtbaren Biologie nach Antworten, indem sie sagen, dass unsere Fähigkeit, auf zwei Beinen zu stehen und zu gehen (Bipedie) uns von allen anderen Tieren abgrenzt.

Andere wiederum gehen die Frage von einer eher emotionalen Seite an. Diese Leute würden sagen, dass die Fähigkeit des Menschen, Mitleid und Mitgefühl mit anderen zu empfinden ihn von den Tieren unterscheidet. Außerdem würden sie behaupten, dass nur Menschen dafür bekannt sind zu weinen.

Die meisten würden allerdings eine intellektuelle Sichtweise annehmen. Menschen unterscheiden sich vom Rest des Tierreichs, weil sie, einfach gesagt, schlauer sind. Unsere Gehirne sind für gewöhnlich größer, in jedem Fall aber besser entwickelt und wir können den Gegenwert von ganzen Bibliotheken an Information im Gedächtnis behalten. Nur Menschen haben die Fähigkeit der Sprache gemeistert und, ausgehend von der Sprache, Wissenschaft, Kunst und eine geordnete Gesellschaftsstruktur entwickelt.

All dies ist nur durch das leistungsstarke menschliche Gehirn möglich.

Ein durchschnittliches menschliches Gehirn wiegt nur etwa 1,4kg, was vielleicht nicht nach viel klingt, aber doch die größte Gehirnmasse in Relation zum Körpergewicht unter den Wirbeltieren (Säugetiere, Fische und Vögel) darstellt. Auch wenn die Gehirngröße zu einem gewissen Grad eine Rolle spielt, da das menschliche Gehirn größer als das der meisten anderen Tiere ist, so haben Wissenschaftler doch herausgefunden, dass in Bezug auf die Intelligenz das Größenverhältnis entscheidend ist.

Beispielswiese haben Wale ein größeres Gehirn als Menschen, doch das Verhältnis ihrer Gehirngröße zur gesamten Körpermasse ist wesentlich kleiner.

Auch andere Faktoren haben einen Einfluss auf die herausragende Stellung des menschlichen Gehirns innerhalb der Tierwelt.

Allgemein lässt sich sagen, je komplexer die Furchen (Sulci) und Windungen (Gyri) des Gehirns ausgeprägt sind, desto mehr Gedankenvorgänge finden im Gehirn statt und desto schlauer ist somit das Lebewesen. Menschen sind nicht die einzigen Lebewesen mit Furchen und Windungen im Gehirn. Alle Tiere mit einer solchen Gehirnoberfläche gehören zu den schlauesten im Tierreich.

Die Anzahl der Furchen und Windungen auf unserem Gehirn lässt sich nicht verändern, doch es gibt Dinge, die wir tun können, um unser Gehirn aktiv, rege und in Form zu halten.

Wissenschaftler haben festgestellt, dass sich Karteikarten, Wort-Assoziationsspiele und sogar einige der Spiele für lange Autofahrten, von denen wir weiter vorn im Buch sprachen, gut eignen, um das Gehirn aufgeweckt und in bester Form zu halten. Da dein Gehirn ein Organ deines Körpers ist, sind gesunde Ernährung und ausreichend Schlaf ebenfalls hervorragende Mittel, um das meiste aus deinem Gehirn herauszuholen.

Und natürlich ist lesen das vielleicht Beste, das du für dein Gehirn tun kannst. Experten sagen, dass jede Form von lesen gut ist, auch wenn das Lesen von Texten, die das Denken anregen und das Vokabular erweitern, am besten ist. Viele Experten empfehlen auch, hin und wieder das Tablet oder Smartphone beiseitezulegen und auf die gute alte Art ein Buch zu lesen.

Mit dem Fortschritt der Wissenschaft werden wir zweifellos viel mehr über das menschliche Gehirn herausfinden. Denke nur daran, dass die alten Ägypter einst dachten, dass das Denken im Herz stattfindet. Bei der Mumifizierung von Toten (darüber hast du erst kürzlich gelesen, nicht wahr?) entnahmen die Ägypter das Gehirn stückweise und warfen es dann weg, weil sie dachten, dass es keine Funktion hatte.

Naja, vielleicht hatten die Ägypter mit Letzterem ja recht – bei manchen Leuten zumindest!

Ein echter Geist
der vergangenen Weihnacht

Halloween wird traditionell als der gruseligste Feiertag angesehen, doch wenn es Geister wirklich gibt, dann gibt es für sie keine freien Tage, oder? Nein, Geister können dich an jedem Tag des Jahres heimsuchen, an allen Feiertagen und sogar an Weihnachten. Ja, Weihnachten, das Fest der Liebe und Familie, oft auch als „die schönste Zeit des Jahres" bezeichnet, ist für einige Berichte von Geistererscheinungen bekannt.

Es gibt viele unheimliche Fälle aus der ganzen Welt, bei denen sich furchterregende Ereignisse an Heiligabend oder am Weihnachtstag zugetragen haben. Manchmal geht es dabei sogar um Geschenke.

Die Familie Jones war eine typisch amerikanische Durchschnittsfamilie: Mutter, Vater, Tochter/Schwester, Sohn/Bruder und ein Hund. Am Heiligabend eines Jahres aß die Familie Jones schön zu Abend und zog sich dann ins Wohnzimmer zurück, wo alle etwas fernsahen, ein paar Spiele spielten und nebenher Snacks zu sich nahmen.

Um etwa 23 Uhr waren alle im Haus der Jones, einschließlich des Hundes, bereits im Tiefschlaf und träumten vom Weihnachtsmann.

Gegen 2 Uhr morgens wurde Herr Jones allerdings von etwas geweckt und es stellte sich bald heraus, dass es bestimmt nicht der Weihnachtsmann war.

Zuerst dachte er, dass er einen Alptraum gehabt hatte, doch nach ein paar Sekunden wurde ihm klar, dass etwas anderes vor sich ging. Er blickte über seine Schulter und sah, dass Frau Jones noch fest schlief. Dann bemerkte er, dass der Familienhund zusammengekauert in einer Ecke des Schlafzimmers saß und vor Angst wimmerte. Herr Jones stand auf und ging zu dem Hund, um nachzusehen, was ihm fehlte.

„Ist alles okay, Kleiner?", sagte Herr Jones.

Der Hund schien nicht zu reagieren, doch da Herr Jones sehen konnte, dass er keine Verletzungen am Körper hatte, stand er auf, um wieder ins Bett zu gehen.

In diesem Moment sah Herr Jones, wie sich ein Schatten den Flur entlang bewegte.

„Das ist ja merkwürdig", dachte Herr Jones. „Es ist weder meine Frau noch der Hund, also muss es wohl eins der Kinder sein."

Herr Jones sah daher nach jedem einzelnen seiner Kinder, stellte aber fest, dass sie alle tief schliefen.

Dann hörte Herr Jones eine Art Kratzgeräusch aus dem Erdgeschoss kommen. Es war nicht wirklich laut – nicht laut genug, um jemanden aufzuwecken –, doch er beschloss, dass er herausfinden musste, was es war.

„Vielleicht sind ein paar Mäuse ins Haus eingedrungen", dachte er.

Er ging die Treppe hinunter und folgte dem Geräusch zum Wohnzimmer, wo sich der Weihnachtsbaum und die

Geschenke befanden. Das war der Moment, in dem Herr Jones den Schreck seines Lebens bekam.

Er sah etwas, das wie der Schatten eines großen Mannes aussah, der sich über die Geschenke der Familie beugte. Doch dies war kein Mann! Die Gestalt war gut über zwei Meter groß und das Unheimlichste daran war, dass sie statt Augen zwei glühende rote Kugeln zu haben schien.

Erschrocken schaltete Herr Jones sofort das Licht an, doch zu seinem Erstaunen und zu seiner Erleichterung war die Gestalt verschwunden.

Nach einigem Zögern ging Herr Jones langsam zum Weihnachtsbaum hinüber, konnte aber keine Spur des scheinbar übernatürlichen Besuchers entdecken.

Nun, der geheimnisvolle und unerwünschte Gast hatte *eine* Spur hinterlassen. Alle Geschenke der Kinder waren geöffnet und einige der Spielsachen waren aus ihren Verpackungen entnommen worden.

Der Aufruhr veranlasste die übrigen Mitglieder der Familie Jones, nach unten zu kommen, um zu sehen, was passiert war. Nachdem sie die Unordnung beseitigt hatten, konnte die Familie schließlich ein wenig schlafen und danach ihr Weihnachtsfest genießen.

Jeden Heiligabend nach diesem Ereignis wartete die Familie Jones darauf, dass eine unheimliche Erscheinung ihr Fest ruinieren würde, aber es passierte nie wieder. Familie Jones gab dem Ganzen auch keine weitere Chance, da sie die nächsten Weihnachtsfeste bei Verwandten und Freunden verbrachte, bevor sie schließlich aus dem Haus auszog.

Seitdem hat es keine Berichte mehr über den geschenkezerstörenden Geist gegeben.

Alexander der Große – liebte sein Pferd wirklich

Eine Sache, die so ziemlich alle Menschen, ungeachtet ihrer Herkunft, gemeinsam haben, ist die Liebe zu Haustieren. Wir haben in diesem Buch bereits gesehen, wie wir Hunde, Katzen und sogar Pferde zu berühmten Filmstars gemacht haben. Haustiere sind ein echter Teil unserer Familien und das waren sie schon seit der Antike.

Die Domestizierung (Zähmung) von Haustieren begann vor mehr als 10.000 Jahren. Die ersten Pferde wurden zunächst zur Fleischgewinnung domestiziert, bevor die Menschen erkannten, dass sie sich besser zum Ziehen von Wagen und, später, zum Reiten eigneten.

Wildhunde wurden schließlich domestiziert, um den Menschen bei der Jagd zu helfen und ihre Siedlungen vor wilden Tieren und anderen Menschen zu schützen.

Katzen … na ja, ich vermute, sie trafen die Wahl, sich mehr oder weniger domestizieren zu lassen. Die Katzen des Altertums erkannten, dass sie besser dran waren, wenn sie unter Menschen lebten, da sie so ständig Futter zur Verfügung hatten. Im Gegenzug mussten sie nur Mäuse, Ratten und anderes Ungeziefer töten, das die Nahrungsversorgung bedrohte.

Unsere Geschichte mit Haustieren reicht also weit zurück. Sie halfen einst unseren Vorfahren zu überleben und die Zivilisation mitzugestalten und wir behandeln sie im Gegenzug heute als Familienmitglieder, auch wenn ihre Jagd-, Arbeits- und Beschützerfähigkeiten nicht mehr gebraucht werden.

Es ist aber noch gar nicht so lange her, dass Pferde zur Kriegsführung genutzt wurden.

Pferde ritten unter ihren Herren tapfer in den Kampf und starben dabei oft auf dem Schlachtfeld, zusammen mit zahllosen Männern. So treu diese Schlachtrosse auch waren, so wurden sie doch oft vergessen und einfach in Massengräbern verscharrt, sobald die Kämpfe vorbei waren.

Es gab jedoch ein tapferes und treues Pferd, das immer noch mit Namen bekannt ist – Bukephalos.

Bukephalos war das Streitross Alexanders des Großen, der größte Feldherr, den die Welt je gesehen hat. Falls du es nicht weißt, Alexander war von 336 v. Chr. bis zu seinem Tod 323 v. Chr. der König des griechischsprachigen Königreichs Makedonien. Mit nur 20 Jahren wurde er König, was nicht viel älter ist, als du jetzt bist, und in der Zeit bis zu seinem 27. Lebensjahr eroberte er Südosteuropa und den Nahen Osten!

Alexander war ein echtes Militärgenie und er hatte zahlreiche ergebene und fähige Generäle, doch ohne sein treues Pferd Bukephalos hätte er all dies nicht erreicht.

Der Name Bukephalos ist griechisch für „Stierkopf". Von früher im Buch erinnerst du dich vielleicht, dass „phalos" Kopf bedeutet, während „buke" für Stier steht. Obwohl Bukephalos ein großes Pferd war, nimmt man an, dass der Name vom Brandzeichen eines Bullen kommt, der ihm auf die Hüfte eingeprägt worden war. Bukephalos war groß und schwarz, mit einem weißen Stern auf seiner Braue. Er war ein kräftiges Tier, dem der Ruf nachging, unzähmbar zu sein.

Das heißt, unzähmbar, bis er auf Alexander den Großen traf.

Als Alexander etwa in deinem Alter war, wurde seinem Vater, König Philip II von Makedonien, der Erzählung nach Bukephalos zu einem hohen Preis angeboten. Philip lehnte ab, da er zwar dachte, dass Bukephalos prächtig aussah und eine hervorragende Abstammung aufwies, ihn jedoch als zu schwer trainierbar erachtete.

Doch der junge Alexander wusste, dass das Pferd Gold wert war!

Alexander überredete seinen Vater dazu, ihn das Pferd einreiten zu lassen und falls es ihm nicht gelingen sollte, würde er für die Kosten aufkommen. Er war ein Prinz und daher hatte er wohl sehr viel mehr Geld übrig als ein Durchschnittskind.

Alexander näherte sich dem wilden Bukephalos, der ihn ohne Weiteres mit seinen riesigen Hufen hätte töten können. Anstatt mit Gewalt nach den Zügeln zu greifen, um seine Dominanz über das Pferd zu zeigen, wählte er einen anderen Weg. Der Junge redete dem Pferd mit sanfter und ruhiger Stimme zu. Alexander war bereits ein erfahrener Reiter. Er wusste, dass Bukephalos wahrscheinlich vor seinem eigenen Schatten Angst hatte.

Ja, genau: Alexander drehte Bukephalos einfach zur Seite, damit er in Richtung Sonne gewandt war und seinen eigenen Schatten nicht sah.

Es funktionierte und Alexander ritt Bukephalos von einem Sieg zum nächsten. Man berichtet aber, dass die Glückssträhne von

Bukephalos im Jahr 326 v. Chr. endete, als er sich während einer Schlacht in Indien einige schwere Verletzungen zuzog und in der Folge starb. Es gibt allerdings auch viele andere Berichte, laut derer Bukephalos an Altersschwäche starb. Was vor so langer Zeit vor sich ging, ist nicht immer leicht in Erfahrung zu bringen.

Im Gegensatz zu den unzähligen Pferden vor ihm, die in unmarkierten Gruben begraben wurden, ließ Alexander inmitten einer von ihm neu erbauten Stadt namens Bucephala ein großes Grabmal für sein Pferd errichten.

Ganz genau, Alexander der Große liebte sein Pferd so sehr, dass er ihm eine Stadt erbaute!

Manche mögen es seltsam finden, wie sehr Alexander der Große sein Pferd liebte, aber Tatsache ist, dass Bukephalos wahrscheinlich sein treuester Soldat war und dem Feldherrn bei vielen Gelegenheiten das Leben rettete. Wenn Städte nach Feldherrn benannt werden können, warum nicht auch nach einem Pferd, das den größten Feldherrn von allen trug?

Woodsy und Smokey

Was kommt dabei heraus, wenn man Tierliebe mit dem dringenden Bedürfnis, die Umwelt zu retten, vereint? Woodsy Owl und Smokey Bear! Obwohl die Popularität und Präsenz dieser beiden Figuren in den letzten Jahren etwas abgenommen hat, gibt es sie immer noch. Und wenn du deine Eltern nach ihnen fragst, dann werden sie dir sicherlich von all den Werbespots und öffentlichen Durchsagen erzählen, die während der 1970er und 80er Jahre häufig zu sehen und zu hören waren. Deine Eltern werden sich zweifellos auch an die unverkennbaren Slogans der beiden erinnern.

Für Smokey lautete er: „Only you can prevent forest fires." („Nur du kannst Waldbrände verhindern.")

Woodsys Spruch war: „Give a hoot! Don't pollute." (sinngemäß etwa: „Sei nicht gedankenlos, verschmutze die Umwelt nicht!")

Viele Experten sehen in diesen zwei Figuren die treibende Kraft hinter der modernen Umweltbewegung, doch die meisten Leute, die – so wie ich – mit ihnen aufgewachsen sind, haben sie als niedliche Tierchen mit einer positiven Botschaft in guter Erinnerung.

Smokey ist der ältere dieser zwei umweltfreundlichen Helden. Die Figur wurde 1945 vom US Forest Service (Forstverwaltung der Vereinigten Staaten) entworfen, um die amerikanische

Bevölkerung auf Waldbrände aufmerksam zu machen. Da sich Amerika mitten im Zweiten Weltkrieg befand, befürchtete die Regierung, dass die Japaner einmarschieren und die Wälder an der Westküste abbrennen könnten. Außerdem war die Regierung darüber besorgt, dass außer Kontrolle geratene Waldbrände Ressourcen beanspruchen könnten, die für das Kriegsgeschehen gebraucht wurden.

Es wurde also ein sprechender Bär mit einem Försterhut und Bluejeans entworfen, um die Amerikaner zu mehr Vorsicht und Aufmerksamkeit in den Wäldern zu bewegen. Viele dachten, dass das Konzept eines sprechenden Bären albern sei, doch es stellte sich schnell als ziemlich populär und erfolgreich heraus.

Sogar so erfolgreich, dass ein Schwarzbär, der aus einem Waldbrand in New Mexico gerettet worden war, 1950 zum „echten" Smokey Bear ernannt wurde.

In den 1970er und 80er Jahren wuchs die Popularität von Smokey Bear und es wurden sogar Briefmarken mit seinem Bild sowie sein eigener Cartoon produziert.

In den 1970er Jahren hatte sich der Umweltschutz in den Vereinigten Staaten durchgesetzt. Um auch Kinder für den Schutz von Amerikas riesigen Naturschätzen zu interessieren, dachte sich der amerikanische Landwirtschaftsminister im Jahr 1971 die Figur Woodsy Owl aus.

Genau wie Smokey trägt Woodsy einen Försterhut, doch im Gegensatz zu Smokey hat er eine grüne Hose an. Das Aussehen sowie die Slogans der beiden Figuren haben sich über die Jahre etwas verändert. Woodsys charakteristischer Spruch lautet nun „Lend a hand, care for the land!" (sinngemäß etwa „Mach mit, halt die Umwelt fit!"), während

Smokey mahnt: „Only you can prevent wildfires." („Nur du kannst Flächenbrände verhindern.")

Beide Figuren waren sowohl für Erwachsene als auch für Kinder wichtig, und in den 1970er Jahren traten sie häufig gemeinsam in Werbespots und Werbedurchsagen auf. Das Landwirtschaftsministerium der Vereinigten Staaten führt immer noch jedes Jahr einen Plakatwettbewerb für Kinder durch, der sich um die beiden Figuren dreht.

Wenn du also künstlerisch begabt bist, kannst du ein Poster mit Woodsy, Smokey oder mit beiden anfertigen. Vergiss nur nicht, dass „nur du Flächenbrände verhindern kannst" und „mach mit, halt die Umwelt fit!"

Essstäbchen oder Gabeln?

„Sitz gerade!", „Kau nicht mit offenem Mund!", „Iss nicht mit den Händen!". Das haben wir alle schon einmal von unseren Müttern und Vätern zu hören bekommen. Zumindest ich habe es, und wenn man darüber nachdenkt, so ermahnen diese Anweisungen zu normalen Umgangsformen und sprechen den gesunden Menschenverstand an.

Oder vielleicht nicht?

Nun, eine gute Körperhaltung und Kauen mit geschlossenem Mund sind am Esstisch sicherlich sinnvoll. Du willst bestimmt nicht das Essen im Mund deines kleinen Bruders oder deiner kleinen Schwester sehen, oder?

Doch wie sieht es mit dem Essen mit den Händen aus?

In einigen Ländern ist das Essen mit den Händen absolut normal und entspricht den allgemeinen Erwartungen. In Äthiopien und Indien nehmen die Menschen das Essen oft in die Hand oder sie benutzen Brot anstelle von Essbesteck. Wenn man mit den Händen isst, so wird in manchen Ländern dabei nur die rechte Hand benutzt.

Die Gabel ist das vielseitigste Essbesteck, weil du sie auf verschiedene Arten benutzen kannst. Gabeln der einen oder anderen Art werden schon seit Tausenden von Jahren in verschiedenen Kulturen verwendet. Man geht aber davon aus, dass die Gabel, wie wir sie heute kennen – die Essgabel –

77

von den Griechen irgendwann im 3. Jahrhundert v. Chr. erfunden wurde. So nützlich die Essgabel auch sein mochte, es dauerte eine Weile, bis sie in der ganzen Welt bekannt wurde. In Amerika verbreitete sie sich erst zur Zeit der Amerikanischen Revolution im Jahr 1776.

Ich schätze, die Leute waren damit zufrieden, lediglich ein Messer, einen Löffel und ihre Hände zu benutzen.

Löffel gibt es nämlich schon seit Beginn der Zivilisation und sie wurden von den meisten Kulturen verwendet.

Aber was ist mit Essstäbchen?

Wenn du schon einmal in einem asiatischen Restaurant warst und versucht hast, mit Stäbchen zu essen, dann hast du das wahrscheinlich als sehr frustrierend empfunden. Diese beiden Stäbchen mit der rechten oder linken Hand zu balancieren und gleichzeitig Essen vom Teller aufzuheben, kann wirklich schwieriger sein als einen Sack Flöhe zu hüten, wenn du es nicht gewohnt bist. Aber wenn du es schon seit deiner Kindheit getan hast, dann denkst du gar nicht mehr darüber nach.

Essstäbchen gibt es seit mindestens dreitausend Jahren. Man nimmt an, dass sie in China erfunden wurden und sich schnell in anderen asiatischen Ländern verbreitet haben. Ursprünglich waren die meisten Essstäbchen aus Bambus, aber heute werden sie auch aus Holz, Metall und sogar aus Kunststoff hergestellt. Wenn du ein asiatisches Land besuchst, sind Einweg-Essstäbchen aus Plastik in Fast-Food-Restaurants durchaus üblich.

Gabeln und Messer sind im traditionellen asiatischen Essbesteck eher selten, aber Löffel gehören in der Regel zu den Stäbchen dazu.

Wenn deine Eltern dir das nächste Mal sagen, dass du nicht mit den Händen essen sollst, dann widersprich nicht, aber denke daran, dass es in manchen Ländern völlig in Ordnung ist. Alle Menschen auf der Welt brauchen Nahrung zum Überleben, aber die Art und Weise, wie wir diese Nahrung zum Mund führen, ist von Land zu Land unterschiedlich. Vielleicht bist du eines Tages in einem Land, in dem es nicht nur in Ordnung ist, mit den Händen zu essen, sondern sogar erwartet wird.

Dem Bones, Dem Bones

Unser Körper gleicht einer unglaublich gut geölten Maschine, die zu erstaunlichen Leistungen fähig ist. Sieh dir nur an, was deine Lieblingssportler leisten können.

Jeder Teil unseres Körpers hat eine Funktion. Unser Gehirn ist für unser Bewusstsein zuständig und unser Herz für unser Leben. Unsere Lungen ermöglichen es uns, zu atmen, und unser Magen und Darm verarbeiten die Nahrung, die wir zu uns nehmen, zu Energie.

Außerdem schützt unser Skelettsystem alle lebenswichtigen Organe und sorgt dafür, dass sie sich bewegen können.

Das menschliche Skelett ist wirklich so unglaublich, dass Anfang des 20. Jahrhunderts ein Spiritual (ein christlich-religiöses Lied) davon inspiriert wurde, das immer noch bekannt ist und auf der ganzen Welt gesungen wird. Die Wahrscheinlichkeit ist groß, dass du Teile des Textes schon einmal gesungen oder auf dem Spielplatz gehört hast.

"Knee bone connected from the shin bone	(Knieknochen verbunden mit dem Schienbein)
Shin bone connected from the ankle bone	Schienbein verbunden mit dem Knöchel
Ankle bone connected from the heel bone	Knöchel verbunden mit dem Fersenknochen
Heel bone connected from	Fersenknochen verbunden mit

the foot bone	dem Fußknochen
Foot bone connected from the toe bone	Fußknochen verbunden mit dem Zehenknochen
Now hear the word of the Lord,"	Nun hört das Wort des Herrn)

Und dann der Refrain:

"Dem bones, dem bones, dem dry bones.	(Diese Knochen, diese Knochen, diese trockenen Knochen
Dem bones, dem bones, dem dry bones.	Diese Knochen, diese Knochen, diese trockenen Knochen
Dem bones, dem bones, dem dry bones."	Diese Knochen, diese Knochen, diese trockenen Knochen)

Wie das Herz oder das Gehirn sind auch die Knochen eigentlich Organe, und neben dem Schutz anderer Organe haben sie eine Reihe von wichtigen Funktionen. Die Knochen produzieren weiße und rote Blutkörperchen, die wir zum Leben brauchen, und sie speichern auch andere wichtige Mineralien in Form des Knochenmarks.

Die Knochen sind durch Gelenke verbunden, während Sehnen die Muskeln mit den Knochen verbinden. Knorpel ist das Gewebe, das die Knochen bedeckt, aber die Knochen selbst bestehen aus einer Kombination von Kalzium, Phosphor, Natrium und Kollagen.

Jeder Mensch wird mit ungefähr der gleichen Anzahl von Knochen geboren, nämlich etwa 300, die sich aber bis zum Erwachsenenalter auf etwa 206 reduziert. Das ist doch etwas seltsam, oder?

Wie können wir Knochen *verlieren*, wenn wir wachsen?

Nun, das meiste Wachstum betrifft die längsten Knochen des menschlichen Körpers, nämlich die Arm- und Beinknochen. Ein Mensch wächst so lange, wie die Wachstumsfugen an diesen Knochen offen sind, aber wenn sie sich schließen, hört das Wachstum auf.

Die Art und Weise, wie sich die Anzahl unserer Knochen verringert, hängt ebenfalls mit dem Wachstum zusammen, allerdings in einem etwas anderen Zusammenhang. Ein Baby hat etwa 300 Knochen, wenn es zur Welt kommt, aber es beginnt sofort zu wachsen, was dazu führt, dass viele Knochen zusammenwachsen. Die Schädelknochen gehören zu den Knochen, die am stärksten verschmelzen, was einer der Gründe dafür ist, dass sich das Aussehen eines Menschen vom Säuglingsalter bis zur frühen Kindheit so stark verändert.

Jetzt, wo du weißt, wie wichtig das Skelettsystem ist, kannst du vielleicht auch nachvollziehen, wie recht deine Eltern hatten. Ja, Milch ist reich an Kalzium und wirklich gut für deine Knochen! Das gilt auch für Bewegung und viel Sonne. Leg also für eine Stunde am Tag mal dein Handy oder Tablet weg, trink etwas Milch und geh nach draußen, um das Wetter zu genießen!

In ein paar Jahren werden es dir deine Knochen sicherlich danken.

Die verwunschene Puppe

Falls du jemals in Key West, Florida, bist, solltest du unbedingt mit deinen Eltern das Martello Art Gallery and Historical Museum besuchen. Das ist ein nettes Museum mit vielen coolen Kunstwerken und Informationen über Key West, aber die meisten Leute kommen nur wegen einer Sache dorthin - wegen Robert, der Puppe.

Ja, du hast richtig gelesen, die große Attraktion in diesem Museum ist eine Puppe.

Und es ist nicht die kunstvolle Verarbeitung der Puppe, die die Besucher anlockt, denn Robert sieht eigentlich ziemlich gruselig aus. Die Leute kommen wegen der unheimlichen Legende, die sich um Robert rankt, und wegen der seltsamen Dinge, die Menschen wegen Robert angeblich gesehen und erlebt haben.

Wie du dir vielleicht schon gedacht hast, glauben viele Leute, dass Robert eine verwunschene Puppe ist.

Robert ist eine etwas mehr als einen Meter große Matrosenpuppe, die einen winzigen Plüschhund umklammert, und er sitzt derzeit auf einem Stuhl in seiner eigenen Ausstellung im Museum. Roberts Gesicht hat im Laufe der Jahre einige Schäden davongetragen, was ihm ein sehr gruseliges Aussehen verleiht, ähnlich wie Michael Meyers aus den *Halloween*-Filmen.

Robert scheint auch ein leichtes Grinsen im Gesicht zu haben, und zwei glänzende, schwarze Augen verstärken den unheimlichen Eindruck.

So unheimlich Robert auch aussieht, seine geheimnisvolle Hintergrundgeschichte macht ihn noch furchteinflößender.

Robert wurde dem Museum 1994 geschenkt, aber davor hatte er mindestens zwei Besitzer. Der ursprüngliche Besitzer war wahrscheinlich ein Maler, der die Puppe von seinem deutschen Großvater erhalten haben soll.

Und hier werden die Dinge ein wenig verwirrend und gruselig.

Eine Legende besagt, dass eine Frau von den Bahamas, die sich mit schwarzer Magie und Voodoo beschäftigte, dem ursprünglichen Besitzer die Puppe als Teil eines Fluchs übergab. Eine andere Geschichte besagt, dass der ursprüngliche Besitzer selbst die Puppe mit einem Fluch belegt hat. Wie dem auch sei, viele Menschen, die sich in Roberts Nähe aufgehalten haben, schwören, dass die Puppe verflucht ist.

Manche Menschen behaupten, sie hätten gesehen, wie Robert sich bewegt, seinen Gesichtsausdruck verändert und sogar gelacht hat. Andere wiederum sagen, dass Robert auf verschiedene Weise Unglück über ihr Leben gebracht hat.

Da Robert zu einer so beliebten Attraktion geworden ist, gibt es zahlreiche „Herausforderer", die versuchen, Robert im Museum zu verspotten oder sich über ihn lustig zu machen. Einige dieser Menschen geben zu, dass sie nicht lange nach ihrem Spott über die möglicherweise verfluchte Puppe das Pech verfolgte, z.B. in Form von verpassten Flügen,

Entlassung am Arbeitsplatz, Autounfällen, Scheidungen und verschiedenen anderen Verletzungen und Verlusten.

Die meisten Menschen, die Robert gesehen haben, berichteten aber von keinerlei negativen Auswirkungen. Die meisten Leute machen sich aber auch nicht über Robert lustig.

Wenn es dich also jemals nach Key West verschlägt und du Robert im Martello Museum sehen willst, dann sei bitte freundlich und respektvoll. Andernfalls hat Robert vielleicht das letzte Wort und das könnte nicht so schön für dich ausfallen!

Welches ist das klügste Tier?

Es ist eine uralte Debatte, die auch heute noch Menschen aller Altersgruppen umtreibt: „Welches ist das klügste Tier?" Wahrscheinlich warst du in diese Diskussion schon einmal auf dem Spielplatz oder in der Schulkantine verwickelt, aber glaub mir, Menschen jeden Alters streiten sich gerne darüber. Ich denke, dass es zum Teil darauf ankommt, welches Tier man am liebsten mag. In Wirklichkeit sind sich aber auch die Wissenschaftler nicht einig darüber, welche Tiere es auf Platz eins schaffen.

Die Intelligenz von Tieren wird anhand verschiedener Dinge gemessen, von denen wir einige bereits besprochen haben. Die Größe eines Tieres im Verhältnis zu seinem Gehirn ist ein Hinweis für dessen Intelligenz, aber auch die Anzahl der Neuronen, die im Gehirn eines Tieres herumschießen. Fachleute haben schon an vielen Tieren Intelligenztests durchgeführt, aber die Ergebnisse zeigen, dass eine Tierart ein bestimmtes Denkmuster sehr erfolgreich anwenden kann, während ein anderes Tier bei etwas anderem herausragende Resultate erzielt.

Werfen wir also einen Blick auf die Tiere, die am häufigsten auf der Liste erscheinen. Wir werden dabei einigen unserer Lieblingstiere etwas mehr Aufmerksamkeit schenken.

Auf jeder Liste der intelligentesten Tiere stehen in der Regel die Primaten ganz oben. Viele sehen den Schimpansen als das intelligenteste Tier, während auf anderen Listen der Orang-Utan oder der Gorilla ganz oben steht. Jeder dieser drei Primaten gehört zur Familie der Affen.

Das dürfte auch nicht weiter überraschen, da man Affen beibringen kann, mit Menschen zu kommunizieren.

Delfine werden im Allgemeinen als Nächstes genannt und zu den intelligentesten Tieren gezählt, die keine Primaten sind. Wie du sicher weißt, sind Delfine Säugetiere und sie können Zahlenfolgen erkennen, Zeigebewegungen deuten und sie erkennen ihr Spiegelbild.

Auch die Elefanten befinden sich ziemlich weit oben auf der Liste. Elefanten haben große Gehirne, die sie dazu nutzen, komplizierte soziale Strukturen aufzubauen und um sich Dinge zu merken. Wahrscheinlich hast du schon einmal den Ausdruck „ein Gedächtnis wie ein Elefant" gehört. Nun, das kommt daher, dass Elefanten eine verblüffende Fähigkeit haben, sich Informationen zu merken und man ihnen deshalb Dinge beibringen kann. Viele Elefanten können sogar malen!

Wie Menschen zeigen auch Elefanten Mitgefühl und Trauer, wenn ein Mitglied ihrer Herde stirbt.

Ich weiß allerdings, was die meisten von euch denken, die dies lesen: „Wer ist schlauer, Hunde oder Katzen?"

Nun, diese Frage ist nicht ganz so einfach zu beantworten. Es stimmt, beide werden innerhalb des Tierreichs als ziemlich intelligent angesehen, obwohl sie hinter den Schweinen zurückstehen. Ja, genau, Schweine sind tatsächlich ganz schön schlau und haben die Fähigkeit, einige Dinge zu lernen, bevor sie in der Bratpfanne landen.

Zwischen Hunden und Katzen liegt die Antwort auf die Frage der größeren Intelligenz aber zum Großteil an der Sichtweise.

Hunde haben durchschnittlich auf jeden Fall die größeren Gehirne als Katzen. Obwohl man früher annahm, dass Katzen mehr Neuronen in ihrem Gehirn haben, weiß man heute, dass Hunde im Durchschnitt etwa doppelt so viele haben. Das heiß also, dass Hunde klüger sind, oder?

Nur keine voreiligen Schlüsse, sagen die Experten … und die Katzenliebhaber!

Wie sich herausstellt, haben Katzen eine ähnliche Anzahl von Neuronen in der Großhirnrinde (wo das eigentliche Denken stattfindet) wie Hunde und das Verhältnis von Neuronen zur Körpermasse ist bei ihnen größer.

Wenn es also um Katzen und Hunde geht, ist der Disput noch nicht beigelegt und wird es wahrscheinlich auch nie sein. Hunde lassen sich leichter trainieren und befolgen Anweisungen besser, da sie seit tausenden von Jahren daraufhin gezüchtet wurden. Katzen hingegen sind besser darin, Dinge auf eigene Faust herauszufinden.

Wenn du nach einem niedlichen Tier suchst, das schlauer ist als Hunde und Katzen, dann ist der Waschbär genau das Richtige für dich. Waschbären haben in allen Bereichen der Intelligenz hohe Werte erreicht und verfügen im Durchschnitt über die gleiche Anzahl von Neuronen wie Hunde.

Nach allem, was ich gehört habe, sind Waschbären allerdings nicht die besten Haustiere.

Die ursprünglichen
Matchbox-Autos

Die Rolle der Kinder in der Gesellschaft hat sich im Lauf der Geschichte etwas verändert, jedoch nicht so sehr von Kultur zu Kultur. Heutzutage dürfen Kinder bis ins Jugendalter hinein „Kinder sein". Die Verantwortung, die mit dem Erwachsenenalter kommt, wird den Kindern schrittweise auferlegt, beginnend mit dem siebzehnten Lebensjahr und der Erlaubnis des Führerscheinerwerbs. Nur knapp ein Jahr später erreichen Kinder in den meisten Ländern mit achtzehn die Volljährigkeit. In einigen Ländern erreichen sie diese auch schon früher.

Doch das war im Laufe der Geschichte nicht immer der Fall. Von Kindern wurde erwartet, dass sie in der Landwirtschaft mithalfen oder sogar, dass sie in den Krieg zogen (erinnerst du dich an die Kindersoldaten?).

Aber selbst in einigen dieser Kulturen, in denen von den Kindern viel Arbeit erwartet wurde, hatten sie noch Zeit zum Spielen. Er wird dich vielleicht überraschen, wie viel Wiedererkennungswert einige ihrer Spielzeuge für dich haben. Ein besonders interessantes Beispiel stammt aus Mittelamerika, das von etwa 1500 v. Chr. bis 1500 n. Chr. von mehreren verschiedenen hoch entwickelten Kulturen bewohnt wurde, darunter die Olmeken, die Tolteken, die

Maya und die Azteken. All diese Kulturen werden manchmal zusammenfassend als *Mesoamerika* bezeichnet.

Da die Maya einige Schriften und zahlreiche archäologische Artefakte hinterlassen haben, wissen wir, wie das Leben der Maya-Kinder aussah. In der Maya-Gesellschaft liebten die Eltern ihre Kinder, doch allem Anschein nach war es eine andere Art von Liebe, die den meisten von uns heute fremd erscheint.

Im Alter von etwa fünf Jahren wurde von den Maya-Mädchen erwartet, dass sie ihren Müttern bei der Hausarbeit halfen, während die Jungen ihren Vätern bei der Landwirtschaft zur Hand gingen.

Jungen beschäftigten sich schon in jungen Jahren mit körperlichem Training, weil viele von ihnen später einmal Krieger werden sollten.

Sobald sie fünfzehn waren, galten die meisten Maya-Kinder als Erwachsene und konnten eine Familie gründen. Ich weiß, du denkst jetzt: „Boa, das ist aber jung!"

Nun, zur damaligen Zeit war das Leben dort oft unberechenbar. Man darf nicht vergessen, dass die Maya über keine moderne Medizin verfügten und Kriege ein ständiger Bestandteil des Lebens waren.

Du fragst dich wahrscheinlich, ob die Kinder in Mesoamerika jemals Zeit hatten, einfach nur Kinder zu sein?

Ja, wenn die Kinder im alten Mesoamerika nicht gerade ihren Eltern halfen, hatten sie, wie die archäologischen Funde zeigen, durchaus Zeit zum Spielen. Die Kinder spielten eine Abwandlung eines Ballspiels, das Erwachsene oft auf Tod oder Leben spielten. Keine Angst, die Version, die die Kinder spielten, war nicht so folgenschwer. Es gibt außerdem archäologische Beweise dafür, dass mesoamerikanische Kinder auch mit Spielzeug spielten.

Die meisten Belege für mesoamerikanisches Kinderspielzeug stammen von den Azteken, die von 1300 bis 1521 im heutigen Zentralmexiko lebten.

Kleine Puppen aus Stoff, Ton und anderen Materialien wurden wahrscheinlich von Kindern benutzt. Ich sage "wahrscheinlich", weil die Figuren allem Anschein nach nicht für religiöse Rituale verwendet worden waren, was Kinderspielzeug als die wahrscheinliche Möglichkeit übriglässt.

Archäologen haben auch ein aztekisches Pfeil-und-Bogen-Set in Miniaturformat entdeckt. Aufgrund seiner Größe gehen die Experten davon aus, dass es sich um ein Spielzeug handelt, das Jungen auf eine mögliche Karriere beim Militär vorbereiten sollte.

Das vielleicht seltsamste Spielzeug, das in den Ruinen der aztekischen Städte gefunden wurde, waren Tierfiguren auf Rädern. Das ist insofern eigenartig, da die Azteken zwar Räder für ihre Kalender benutzten, aber niemals für Karren oder zum Bewegen von Gegenständen. Die Tierfiguren auf Rädern muten auch deshalb merkwürdig an, weil die wenigen, die gefunden wurden, nicht den Anschein erweckten, als seien sie viel benutzt worden.

Jetzt weißt du also, dass das Erwachsenwerden im antiken Mesoamerika um einiges anders aussah als heute. Damals wurde von Kindern erwartet, dass sie schon in jungen Jahren eine Menge erwachsener Dinge tun, aber sie durften trotzdem Spaß haben und mit Spielzeug spielen.

Obwohl nicht ganz klar ist, ob die aztekischen Tierfiguren auf Rädern tatsächlich Spielzeuge waren, betrachte ich sie als die ersten Matchbox-Autos der Welt.

Die vielen Gesichter
von Barbie

Viele von euch, die dies lesen, haben wahrscheinlich mit Barbie-Puppen gespielt und haben vielleicht sogar noch ihre Sammlung irgendwo in der Nähe. Vielleicht war das Sammeln und Spielen mit Barbie-Puppen ein wichtiger Teil deiner Kindheit, auf den du als Erwachsener gerne zurückblicken wirst. Vielleicht wirst du sogar deine Barbie-Sammlung aufbewahren und an deine Kinder weitergeben, oder du behältst die Sammlung einfach für dich, so wie es Menschen mit allen möglichen Wertgegenständen tun.

Und glaub mir, deine Barbie-Puppen werden stetig an Wert gewinnen, vor allem, wenn du dich um sie kümmerst. Lass also keins deiner Geschwister – vor allem keine gemeinen Brüder! – an sie heran, denn ich weiß, dass sie sie nur verstecken oder noch Schlimmeres mit ihnen anstellen wollen!

Dass deine Barbie-Puppen so wertvoll sind, liegt zum Teil daran, dass sie schon seit langem auf der ganzen Welt sehr beliebt sind. Die ersten Barbie-Puppen kamen 1959 auf den Markt, als die Spielzeugfirma Mattel den Versuch startete, eine Puppe mit dem Körper eines Erwachsenen für Kinder herzustellen. Nachdem sich die etwa dreißig Zentimeter große Barbie als Erfolg erwiesen hatte, entwarf Mattel Dutzende verschiedener Versionen von ihr sowie ebenso viele Freunde und Mitglieder ihrer Familie.

Du weißt das vielleicht nicht, doch Barbies eigentlicher Name ist Barbara Roberts und sie hat eine ganze Familie. Und obwohl man sich Barbie im Allgemeinen als Blondine vorstellt, konnte man ursprünglich auch eine brünette Version der Originalpuppe kaufen.

Tatsächlich sind im Laufe der Jahre Dutzende verschiedener Ausführungen von Barbie als Puppen sowie in Comics und in Filmen erschienen.

Die größten Veränderungen, denen Barbie unterzogen wurde, betrafen nicht so sehr sie selbst, sondern eher die anderen Puppen, die neben ihr erhältlich waren. Christie, eine schwarze Freundin von Barbie, kam erstmals 1968 auf den Markt und verkaufte sich viele Jahre lang gut, bevor sie aus dem Angebot genommen und später wieder eingeführt wurde. Als Barbie in den 1980er Jahren auf der ganzen Welt beliebter wurde, nahm Mattel mehrere lateinamerikanische Freunde von Barbie in sein Sortiment auf. Ebenfalls in den 80ern kam auch die erste asiatische Barbie-Puppe, Miko, in die Regale. In den späten 90er Jahren war Barbies Freundeskreis sehr divers und schloss auch ein Mädchen im Rollstuhl namens Becky mit ein.

Auch in puncto Mode hat sich Barbie mit der Zeit verändert. Falls deine Mutter oder Großmutter noch ein paar ihrer alten Barbie-Puppen hat, dann bitte sie, diese bei Gelegenheit mal herauszukramen. Du wirst dich wahrscheinlich sehr über Barbies enorme Haarpracht in den 80ern oder über ihre „schicken" Kleider in den 60ern amüsieren.

Eines steht in Bezug auf Barbie jedenfalls fest: So wie sich die Zeiten ändern, so verändert auch sie sich. Niemand weiß, was sie in zehn Jahren tragen wird oder wie ihre Freunde aussehen werden, doch du kannst dir sicher sein, dass sie ein anderes Äußeres haben wird.

Und vergesst nicht, Mädels, passt gut auf eure Barbie-Puppen auf, denn eure Kinder werden in vielen Jahren wahrscheinlich herzhaft über sie lachen können.

Können Bello und
Mimi Geister sehen?

Du sitzt gerade vor dem Fernseher oder liest ein Buch, während deine Katze oder dein Hund neben dir liegt. Plötzlich springt dein Haustier auf, schaut ins Leere und fängt dann an, etwas durch den Flur zu jagen. Vielleicht knurrt oder faucht dein vierbeiniger Freund sogar, während er das tut. Du denkst dir nur: „Was sollte das denn jetzt?"

Manche Menschen sind überzeugt, dass sie wissen, was da passiert ist. Dein Hund oder deine Katze hat einen Geist gesehen!

Wenn du glaubst, dass dein Haustier einen Geist gesehen hat, dann stehst du nicht allein da. Laut einer Studie behaupten bis zu 30 % der Haustierbesitzer, ihre vierbeinigen Lieblinge könnten Geister sehen. Das alles mag zwar seltsam erscheinen, aber wenn man darüber nachdenkt, ist es vielleicht gar nicht so weit hergeholt.

Der Hör- und Geruchssinn von Hunden und Katzen ist viel besser als der von Menschen. Nur weil wir also etwas nicht sehen können, heißt das nicht unbedingt, dass Bello oder Mimi es nicht riechen oder hören können. Hunde und Katzen sehen auch *anders* als Menschen. Unsere geliebten Vierbeiner können vielleicht nicht so viele Farben sehen wie wir, aber sie haben ein größeres Sichtfeld und können in der Dunkelheit besser sehen.

Einige Wissenschaftler glauben, dass Hunde und Katzen in der Lage sind, im ultravioletten Bereich zu sehen, was möglicherweise bedeutet, dass sie Dinge auf der Geisterebene sehen können - falls es so etwas gibt.

Gibt es also Beweise dafür, dass Hunde und Katzen Geister sehen können?

Die meisten Wissenschaftler würden dies mit „Nein" beantworten. Aber denk daran, dass Wissenschaftler nicht alles wissen und dass die Wissenschaft nicht alle Rätsel der Welt erklären kann. Wissenschaftler können auch die vielen Fälle nicht erklären, in denen sich Haustiere in vermeintlichen Spukhäusern seltsam verhalten.

So wie der Fall in St. Louis, Missouri, bei dem eine scheinbar normale Familie behauptete, ihr Hund würde sich immer vor Freude überschlagen, wenn eine unsichtbare Kraft seinen Bauch zu streicheln schien.

Oder der Fall einer Katze aus England, die sich weigerte, das Wohnzimmer des neuen Hauses zu betreten, das ihre Besitzer gekauft hatten. Der Kater ging nicht nur nicht ins Wohnzimmer, sondern fauchte und kratzte auch noch in der Luft herum. Als schließlich einer der Besitzer in die Mitte des Raumes ging, um der Katze zu zeigen, dass alles in Ordnung war, wurde er von einem tiefen Frösteln und einem unheimlichen Gefühl überkommen.

Es gibt viele weitere Berichte wie diese, in denen Katzen oder Hunde etwas Gespenstisches aus einer anderen Welt spüren. Bei einigen scheint es sich um freundliche Geister zu handeln, wie im Fall aus St. Louis, aber die meisten Fälle sind eher unheimlich, wie beim Geist aus England. Wenn du oder jemand, den du kennst, behauptet, dass sein Hund oder seine

Katze einen Geist gesehen hat, wird wahrscheinlich keiner deiner Kommentare sie vom Gegenteil überzeugen.

Es ist egal, was die Wissenschaftler sagen, denn manche Menschen sind einfach davon überzeugt, dass ihre Haustiere Geister gesehen haben.

Aber wenn man darüber nachdenkt, ist das doch gar nicht so seltsam, oder? Wenn Menschen Geister sehen können, dann gibt es keinen Grund, warum unsere Haustiere das nicht auch können sollen.

Das erste „Vidya"

Videospiele, oder „Vidya", wie es viele aus deiner Generation umgangssprachlich nennen, sind ein Milliardengeschäft, das mit jeder neuen Spielveröffentlichung weiter wächst. Einige von euch bevorzugen Konsolensysteme wie PlayStation und Xbox, während andere vielleicht mehr Spaß an PC-Spielen haben. Was auch immer du bevorzugst, es gibt viele coole Spiele mit hochmoderner Grafik, die dich zu stundenlangem Spielen verlocken.

Natürlich haben sich Videospiele seit meiner Kindheit enorm weiterentwickelt.

Der Digitalcomputer wurde in den 1930er Jahren erfunden und ebnete den Weg für die ersten Videospiele. Diese frühen Computer taten in erster Linie das, was der ursprüngliche englische Name schon besagt - sie berechneten Zahlen -, aber die Wissenschaft fand schnell weitere Verwendungsmöglichkeiten. Das Militär begann, Computer für Kriegssimulationen zu verwenden, und die Leistungsfähigkeit von Computern verbesserte sich rapide, so dass 1958 das erste echte Videospiel erfunden wurde.

Im Jahr 1958 entwickelte der Atomphysiker William Higginbotham *Tennis for Two*, das erste interaktive Computerspiel der Welt. *Tennis for Two* blieb der Erfolg verwehrt; es wurde nie öffentlich vermarktet und geriet schnell in Vergessenheit.

Doch schon bald gab es weitere Erstveröffentlichungen.

Das 1962 veröffentlichte Spiel ‚*Spacewar!*' war das erste Spiel, das auf einem Heimcomputer gespielt werden konnte. Das Spielprinzip war einfach (man versucht, das gegnerische Raumschiff abzuschießen), die Grafik war noch einfacher (zweidimensional), und die Spielbarkeit war, gelinde gesagt, schwierig, aber *Spacewar!* ermöglichte es den Spielern zu sehen, dass in dieser Richtung schon einiges ging.

Und dass noch einiges kommen sollte.

Bis zum Jahr 1972 hatten Computer und Computerprogrammierung große Sprünge gemacht. Computerfreaks kombinierten ihre technischen Fähigkeiten mit unternehmerischem Geschick und gründeten Unternehmen, die Videospielsysteme kommerziell anboten. Bedenke aber, dass wir damit noch weit von den "Vidya"-Spielen entfernt sind, wie du sie heute zu Hause spielen kannst.

Zu sagen, dass diese Spielkonsolen der frühen 70er Jahre ihre Grenzen hatten, wäre eine Untertreibung. Pro Spielkonsole war immer nur ein Spiel fest installiert und dieses Spiel war für gewöhnlich *Pong*. Falls du *Pong* nicht kennst: Es handelte sich dabei um ein Spiel für zwei Personen, bei dem das Ziel darin bestand, einen Ball am Gegner vorbeizuschießen. Jedem Spieler war einfach ein Balken zugeordnet und man konnte seinen Balken nur nach oben und unten auf dem Bildschirm bewegen.

Pong, das vom Softwareingenieur Allan Alcorn entwickelt wurde, war im Grunde nur eine aktualisierte Version von *Tennis for Two.* Aber wenn ich von „aktualisiert" spreche, dann gehe ich sehr großzügig mit der Definition dieses Wortes um. Die meisten Versionen von *Pong* waren schwarzweiß und die, die es in Farbe gab, hatten nur zwei Farben. Außerdem waren die meisten Versionen von *Pong* ohne Ton und falls Soundeffekte dabei waren, bestanden diese nur aus dem monotonen und nervigen Geräusch des hin und her geschlagenen Balls.

„Flip", „Flip", „Flip" war das durchgehende Geräusch einer Partie *Pong*. Kannst du dir das vorstellen?

Ende der 1970er Jahre begannen einige Videospielunternehmen mit der Herstellung von Schieß- und Fahrspielkonsolen, aber die gesamte Spieleindustrie befand sich zu dieser Zeit in einem raschen Wandel. Als Computerprogrammierer erkannten, wie viel Geld man mit „Vidya" verdienen konnte, bündelten sie ihr Geld und ihren Ideenreichtum, um Unternehmen zu gründen, die die Spieltechnologie vorantrieben.

Die Atari-2600-Konsole kam 1977 auf den Markt und revolutionierte die Welt der Videospiele. Beim Atari 2600 wurden separate Kassetten für jedes Spiel eingelegt, was den Spielern mehr Freiheit und eine größere Auswahl an Spielen ermöglichte. Auch die Grafik, der Sound, die Spielbarkeit und so ziemlich jeder Aspekt des Atari 2600 erwiesen sich als weitaus besser als alle vorherigen Konsolen.

Der Atari 2600 mag im Vergleich zu den Konsolen, auf denen du heute spielst, wie etwas aus der Steinzeit aussehen, aber er war *Pong* dennoch um Lichtjahre voraus. Andererseits hätte es aber die Videospiele, die wir heute spielen, ohne *Pong* überhaupt nicht gegeben!

Fernlicht, Teil I

Die nächste Erzählung ist ein bisschen unheimlich, weshalb du, falls du allein bist, vielleicht besser das Licht im Zimmer anmachen oder, am allerbesten, die Geschichte zusammen mit einem Freund oder einer Freundin lesen solltest! Ein paar Details der Geschichte wurden zum Schutz von Unschuldigen abgeändert und einige andere Einzelheiten waren im Laufe der Zeit nicht mehr klar nachvollziehbar, doch sei dir gewiss – diese Geschichte wird dir Angst machen!

Kate arbeitete als Kellnerin in einem Straßenrestaurant am Rande einer Kleinstadt in den amerikanischen Südstaaten, während sie Vollzeit aufs College ging. Das stundenlange Stehen konnte für Kates Füße anstrengend sein, aber sie verdiente ordentlich Trinkgeld. Ihr Chef gestattete ihr auch zu lernen, wenn im Restaurant nicht viel los war.

Es war gerade wieder ein solch ruhiger Abend.

Während Kate für eine bevorstehende Physikprüfung lernte, erregte eine Nachrichtendurchsage aus dem Radio in der Küche ihre Aufmerksamkeit.

„Achtung! Heute Abend sind vier Männer aus dem Staatsgefängnis entflohen", sagte der Nachrichtensprecher. „Wir halten Sie mit weiteren Informationen auf dem Laufenden."

Larry, der Koch, sagte: „Wie unheimlich, findest du nicht, Kate?"

„Ja, das ist...", doch bevor Kate etwas erwidern konnte, öffnete sich die Eingangstür des Restaurants. Kate erschrak, aber als sie sah, dass es ein Stammkunde namens Rudy war, beruhigte sie sich. Rudy war Wärter in jenem Gefängnis, aus dem die Sträflinge gerade geflohen waren.

Kate füllte Kaffee in Rudys Tasse und brachte ihm ein Stück Apfelkuchen.

„Wie läuft's so heute Abend, Rudy?", fragte sie.

„Na ja, um ehrlich zu sein", antwortete Rudy, „nicht so besonders, Kate. Ich weiß nicht, ob du es gehört hast, aber uns sind heute Abend vier üble Typen aus dem Gefängnis entwischt."

„Ja, das habe ich gerade gehört. Wie schrecklich.", antwortete Kate. „Müssen wir uns Sorgen machen?"

„Nein, die sind inzwischen wahrscheinlich schon über alle Berge", sagte Rudy, während er einen letzten Bissen von seinem Kuchen nahm und das Geld dafür auf den Tisch legte. „Geh einfach zusammen mit Larry zum Auto, und dann dürfte das schon passen."

Nachdem Rudy gegangen war, schlossen Kate und Larry das Restaurant für die Nacht ab. Sie gingen zusammen zu ihren Autos und befolgten somit Rudys Rat. Kate startete ihr Auto und fuhr auf den Highway, aber schon bald bemerkte sie, wie ein Auto hinter ihr herfuhr.

Jedes Mal, wenn Kate beschleunigte, um etwas Abstand zu dem Auto zu gewinnen, beschleunigte auch das Auto hinter ihr. Nachdem sie so etwa zwei Kilometer lang beschleunigt und wieder abgebremst hatte, fuhr das Auto ganz nah an Kates Heck heran und blendete mit dem Fernlicht auf.

Das Fernlicht ließ Kate fast nichts mehr sehen, aber schlimmer noch, es machte ihr Angst.

„Sind das etwa die entflohenen Häftlinge?", dachte sie und fuhr weiter.

Das Auto hinter ihr ließ einfach nicht locker. Jedes Mal, wenn Kate beschleunigte, wurde auch das Auto hinter ihr schneller und verursachte fast einen Auffahrunfall. Zudem blendete es zwei weitere Male mit dem Fernlicht auf.

Als Kate an ihrem Haus angekommen war, hatte sie solche Angst, dass sie noch ein paar Häuserreihen weiter zur Polizeiwache fuhr.

Doch das Auto hinter ihr folgte ihr weiter und blinkte immer wieder mit dem Fernlicht auf.

Als Kate endlich bei der Polizeiwache ankam und vor dem Gebäude stehen blieb, konnte sie im Rückspiegel erkennen, dass der Fahrer des Wagens hinter ihr ausgestiegen war und auf ihr Auto zulief, wobei er die Arme ausgestreckt hielt und einen Gegenstand umklammerte.

Es war eine Schusswaffe!

„Raus aus dem Auto, Kate. Raus aus dem Auto!", schrie der Mann mit der Waffe. Im Bruchteil einer Sekunde erkannte Kate, dass es Rudys Stimme war.

In diesem Moment leuchtete Kate ein, was vor sich ging. Sie öffnete die Tür und sprang mit einem Satz aus dem Wagen. Noch mitten in der Bewegung sah sie für einen Augenblick das Gesicht eines wahnsinnig dreinblickenden Mannes, der auf ihrem Rücksitz ein Messer in der Hand hielt.

Kate rannte an Rudy vorbei. Zeitgleich eilten mehrere Polizisten aus der Wache und packten den Mann auf dem Rücksitz.

Während Rudy seine Waffe wieder ins Holster steckte, begann er zu erklären.

„Als ich nach Hause fuhr, überkam mich ein komisches Gefühl.", sagte er. „Ich fuhr also zurück zum Restaurant und beobachtete, wie du und Larry gerade weggefahren seid. Ich dachte mir, dass ich euch noch ein bisschen stadteinwärts folgen sollte. Kurz darauf sah ich, wie sich der Mann im Rücksitz mit einem Messer in der Hand aufrichtete. Also schaltete ich mein Fernlicht ein. Anscheinend hat es ihn davon abgehalten, zuzustechen."

„Ganz entscheidend war auch", fuhr Rudy fort, „dass du geistesgegenwärtig zur Polizeiwache gefahren bist."

Kate hatte an jenem Abend in mehrerlei Hinsicht einen Schutzengel. Es stellte sich heraus, dass ihr unerwünschter Passagier nicht nur einer der Ausbrecher aus dem Gefängnis war, sondern obendrein noch ein Mörder und der Schlimmste von den vieren.

Kate ging an jenem Abend mit einer Mischung aus verschiedenen Gefühlen nach Hause, doch sie war vor allem erleichtert, dass sie noch lebte, um diese Geschichte erzählen zu können.

Eiscreme, Eiscreme

In einem der vorherigen Kapitel über Leber und den Geschmackssinn der Menschen habe ich erwähnt, dass jeder, unabhängig von Alter und Herkunft, Eiscreme liebt. Nun, das ist vielleicht etwas übertrieben, aber ich habe noch niemanden getroffen, der kein Eis mag, und ich bin garantiert etwas älter als du.

Die Zutaten für Eiscreme sind ziemlich einfach – Eis, Wasser, Salz, Milch, Luft und Zucker –, doch da die Entdeckung des endothermen Effekts erst in neuerer Zeit stattfand, gibt es Eiscreme, so wie wir sie kennen, noch nicht sehr lange.

Das heißt aber nicht, dass es keine gefrorenen Desserts gab, die zur Erfindung von Speiseeis führten.

Aus alten Aufzeichnungen wissen wir, dass die Menschen in der mesopotamischen Stadt Mari schon vor mehr als 4.000 Jahren (etwa 2000 v. Chr.) Eis in ihren Getränken verwendeten. In den Texten heißt es, dass der König von Mari Expeditionen in die Berge sandte, um Eis zu sammeln, das dann zurückgebracht und in großen, versiegelten Räumen gelagert wurde.

Auch die Römer waren für das Sammeln von Eis aus den Bergen bekannt, aber sie fügten ihren Eisgerichten oft Fruchtaromen hinzu, um die ersten Sorbets der Welt herzustellen. Ein Sorbet ist, genau betrachtet, ein Eisdessert, das keine Milchprodukte enthält.

Im Laufe des Mittelalters verbreitete sich die Idee in ganz Europa und Asien, wobei viele verschiedene Kaiser und Könige ihre eigenen individuellen Zutaten und Geschmacksnoten in die Mischungen einbrachten.

Da die Lebensmittelkühlung erst im 19. Jahrhundert erfunden wurde, konnten sich die Könige und Kaiser nur in begrenztem Umfang eisgekühlte Obstdesserts gönnen. Diese mussten relativ nah am Eis liegen und das Ganze musste in Räumen gelagert werden, die die richtige Temperatur hatten, damit das Eis nicht zu schnell gefriert oder schmilzt. Natürlich war dies ein sehr teures Unterfangen, und Sorbets wurden nur von den Reichen und Mächtigen verzehrt.

Echtes Speiseeis wurde im 18. Jahrhundert in Europa erfunden, wobei das genaue Jahr und der Erfinder unbekannt sind. Aller Wahrscheinlichkeit nach begannen Köche und Menschen, die etwas Zeit hatten, mit Sorbet-Rezepten zu experimentieren und fügten Milch und Sahne hinzu, wobei sie den endothermen Prozess nutzten, um Eiscreme herzustellen, wie wir sie heute kennen.

Ohne zu sehr ins Detail zu gehen, werden die Zutaten in einem Becher oder einer Schale gemischt. Salzwasser wird mit Eis abgekühlt, wobei Letzteres dabei zum Teil schmilzt. Die teilweise geschmolzene Mischung nimmt dann Wärme auf, wodurch die Sahnemischung unter den Gefrierpunkt von Wasser fällt.

Da es im 18. Jahrhundert noch schwierig war, Eis richtig zu lagern, blieb es eine Delikatesse, die der Elite vorbehalten war. Im 19. Jahrhundert begannen dann Bäckereien und Molkereien, Kühltechniken einzusetzen. Danach dauerte es nicht mehr lange, bis sich Eiscreme durchsetzte und in den meisten Ländern zur beliebtesten Nachspeise wurde.

Das Softeis wurde erst in den 1930er Jahren erfunden. Eine Geschichte besagt, dass ein Eismacher und -verkäufer namens Tom Carvel auf die Idee kam, als sein Eiswagen eine Panne hatte und er an einem heißen Sommertag halb geschmolzenes Eis an hungrige Menschen verkaufte. Alternativ wird auch behauptet, dass Softeis von der Firma Dairy Queen in den 1930er Jahren in Illinois erfunden wurde.

Wie dem auch sei, die meisten Experten sind sich einig, dass Softeis in den Vereinigten Staaten erfunden wurde, und wir sind uns alle einig, dass es wirklich lecker schmeckt.

Höhlenmenschen
angelten gern

Angeln ist eine der besten Freizeitbeschäftigungen, denen man nachgehen kann, weil es in vielerlei Hinsicht guttut. Die Bewegung ist gut für den Körper, und die Fähigkeiten, die man erlernt, halten den Geist wach. Außerdem tut es einfach gut, für ein oder zwei Stunden an die frische Luft zu kommen.

Angeln stellt auch eine gute Möglichkeit dar, um Zeit mit Freunden oder der Familie zu verbringen, oder auch, um allein über Dinge nachzudenken. Außerdem schmeckt Fisch sehr gut, besonders wenn man ihn selbst gefangen hat.

Da Angeln so viel Spaß macht und Fisch eine gute Eiweißquelle ist, verwundert es kaum, dass die Menschen im Laufe der Geschichte ausgiebig gefischt haben. Dokumente aus dem alten China und dem mittelalterlichen Europa, Malereien der alten Ägypter und die archäologischen Überreste der Azteken zeigen, dass Fisch seit langem ein wichtiger Bestandteil der menschlichen Ernährung ist und der Fischfang eine lange Geschichte als wesentlicher Zeitvertreib hat.

Wie weit reicht die Fischerei in der Menschheit also zurück?

Vielleicht überrascht es dich, zu erfahren, dass es archäologische Belege dafür gibt, dass Menschen schon vor 40.000 Jahren Fisch gegessen haben. Das stimmt, die

Höhlenmenschen haben offenbar gerne Fisch gegessen, aber wie sie ihn damals gefangen haben, ist nicht sicher bekannt. Es ist gut möglich, dass einige der ersten Angler Fische mit den Händen gefangen haben. Das mag schwierig klingen, wurde aber überall auf der Welt so gemacht, und zwar schon länger, als es überhaupt Aufzeichnungen gibt.

Und es gibt sogar ein Wort für das Fangen von Welsen mit den Händen - Noodling.

Erst in der späten Steinzeit (vor etwa 15.000 Jahren) begannen die Menschen, Speere und Harpunen zum Fischfang zu verwenden. Etwa zur selben Zeit begannen die Menschen auch auf die altmodische Art zu fischen, mit Haken und Schnur. Es mag dich vielleicht überraschen, aber diese Form des Angelns hat sich seit der Steinzeit nur wenig verändert. Die Höhlenmenschen stellten ihre Haken aus Knochen statt aus Metall her, und die Angelschnur bestand damals aus Haaren oder Tierdärmen statt aus Monofil, aber ansonsten hat sich nicht viel geändert.

Nachdem die Menschen in der so genannten Jungsteinzeit vor etwa 12.000 Jahren begannen, dauerhafte Siedlungen zu gründen, gewann der Fischfang an Bedeutung. Die Menschen fanden heraus, dass Fisch eine gute Eiweißquelle war, und so war es wichtig, große Mengen davon zu fangen, um die wachsende Bevölkerung zu ernähren.

Es wurden also Netze erfunden, und auch diese haben sich seither kaum verändert.

Wenn du dir also die Geschichte der Fischerei ansiehst, hat sie sich seit der Steinzeit kaum verändert. Die Menschen von damals fischten, um sich zu ernähren, aber ich bin mir sicher, dass sie auch aus denselben freizeitlichen Interessen fischten wie wir.

Sieh es einfach von der folgenden Seite: Wie könnte ein Höhlenmensch besser entspannen, nachdem er seine Familie und seinen Stamm vor Säbelzahntigern, Wollmammuts und anderen Höhlenmenschen beschützt hat?

Ich kann mir nichts Besseres vorstellen.

Wetten, dass du kein Ei in deiner Handfläche zerdrücken kannst?

Versuch es ruhig! Oder noch besser: Fordere ein paar deiner Freunde oder Geschwister zu dieser Wette heraus. Für dieses Experiment brauchst du nur ein normales Ei – die Farbe ist egal – und einen willigen Teilnehmer. Ich würde sagen, führe das Experiment über einem Waschbecken oder draußen durch, aber wenn derjenige, der das Ei zerbrechen will, nicht schummelt, dann spielt es keine Rolle.

Sorge dafür, dass die Versuchsperson das Ei von oben nach unten in der Handfläche hält. Wenn du dir sicher bist, dass sie es richtig hält, gib das Kommando loszudrücken! Ich verspreche dir, es wird der Person nicht gelingen, das Ei zu zerdrücken.

Einige Leute behaupten, Eier in ihren Handflächen zerdrückt zu haben, nachdem sie das Ei waagerecht hineingelegt hatten, aber das ist eigentlich geschummelt und verrät teilweise die Wissenschaft hinter diesem Trick.

Es hängt alles mit dem Druck zusammen.

Sicherlich weißt du, dass Eierschalen sehr zerbrechlich sind. Es braucht wirklich nicht viel, um eine Eierschale zu zerbrechen, nicht wahr? Ich meine, nicht umsonst war Humpty Dumpty ein Ei; wenn er ein Stück Holz oder Metall gewesen wäre, hätte das keine gute Geschichte abgegeben. Wie kann es also sein, dass sich etwas so Zerbrechliches nicht zerdrücken lässt, wenn es in der Hand einer Person liegt, die es von oben nach unten hält?

Die Form eines Eies ist mehr oder weniger ein natürlicher Bogen. Architekten bauen Bögen, um Brücken und Gebäudestrukturen zu stützen. Bögen verteilen das Gewicht und den Druck gleichmäßig, so dass der Straßenverkehr und andere Gewichte getragen werden können. Wenn du das Ei nimmst und es vertikal in deine Handfläche legst, gilt das gleiche Prinzip. Wenn du nicht schummelst, solltest du es nicht zerbrechen können. Die Leute neigen allerdings dazu, ihre Finger ein wenig zu benutzen, auch wenn sie sich dessen nicht bewusst sind, was das Experiment verderben kann.

Durch die Benutzung der Finger wird an einer bestimmten Stelle Druck ausgeübt, so dass das Ei zerbrochen werden kann.

Wenn du deine Freunde wirklich beeindrucken und dieses Experiment in eine Art Zaubertrick umwandeln willst, fordere sie auf, das Ei zu zerdrücken. Nachdem es ihnen nicht gelingt, kannst du ihnen zeigen, wie du es zerdrückst.

Ja, du kannst das von oben nach unten in deiner Handfläche liegende Ei zerdrücken, wenn du den folgenden Trick anwendest. Stecke einen kleinen Ring auf deinen Mittelfinger, bevor du mit dem Zaubertrick beginnst. Es sollte ein kleiner Ring sein, der niemandem wirklich auffällt. Wenn du an der Reihe bist, achte darauf, dass der Ring Druck auf das Ei ausübt. Der gezielte Druck des Rings dürfte ausreichen, um das Ei zu zerbrechen.

Damit sollte es dir gelingen, deine Freunde zu täuschen, aber achte darauf, dass du den Trick nicht zu oft anwendest - sonst wird jemand den Ring bemerken!

Diese Kinder beherrschten die Welt, im wahrsten Sinne!

Viele von euch, die dies lesen, träumen von dem Tag, an dem sie erwachsen werden. Du freust dich darauf, ein Auto zu besitzen, ein Haus, eine Familie und etwas Geld auf der Bank zu haben. All das ist großartig, aber denke daran, deine Kindheit zu genießen, solange du kannst. Mit all diesen schönen Dingen geht eine Menge Verantwortung einher, und Verantwortung zu haben ist nicht immer ein Zuckerschlecken.

Im Laufe der Geschichte gab es viele Kinder, die keine wirkliche Kindheit hatten. Ihnen wurde von klein auf oder in einigen Fällen sogar von Geburt an die große Verantwortung übertragen, Königreiche oder sogar ganze Imperien zu regieren.

Eines der bekanntesten Kinderherrscher der Geschichte war der ägyptische Pharao Tutanchamun, besser bekannt als König Tut (1342-1327 v. Chr.). Der Vater von Tut war möglicherweise sein Vorgänger Echnaton, wobei Echnaton aber auch sein Bruder gewesen sein könnte. Wie auch immer, nach Echnatons Tod war Tut der Nächste in der Thronfolge und wurde im reifen Alter von 8 oder 9 Jahren König.

Es bleibt ein Rätsel, wie Tut starb, obwohl er mit 18 oder 19 Jahren in der Blüte seines Lebens stand.

Das alte Ägypten war die Heimat mehrerer anderer Kinderherrscher, von denen Thutmosis III. (1481-1425 v. Chr.) der bedeutendste war. Thutmosis III. wurde im Alter von etwa 2 Jahren König, was natürlich ein zu junges Alter war, um Entscheidungen zu treffen, so dass seine Tante Hatschepsut (1507-1458 v. Chr.) einige Jahre lang an seiner Stelle regierte.

Thutmosis III. übernahm von seiner Tante im Alter von etwa 22 Jahren die gesamte Herrschaft über Ägypten und wurde zu einem der größten Pharaonen Ägyptens. Er dehnte Ägyptens Grenzen weit in den Norden und Süden aus und errichtete im ganzen Land mehrere Tempel, die heute noch stehen.

In der Spätantike und im Mittelalter gab es in der Weltgeschichte Hunderte von Kinderherrschern in Europa, Asien und dem Nahen Osten. Wie Thutmosis III. waren diese Kinder oft noch zu jung, um überlegte Entscheidungen zu treffen, weshalb sie einen "Mitregenten" oder Berater erhielten, der ihnen bei der Entscheidungsfindung half.

Fulin war ein 5-jähriger Junge, der gerne mit seinen Freunden spielte, aber als eine Gruppe chinesischer Prinzen ihn 1643 zum nächsten Kaiser der Qing-Dynastie wählte, musste er sehr schnell erwachsen werden. Die Prinzen ernannten Fulins Onkel Dorgon zum Mitregenten, doch Dorgon starb, als Fulin 12 Jahre alt war, und so beschloss der Junge, allein zu regieren.

Fulin gab sich später den Namen "Kaiser Shunzhi" und war als friedlicher und aufgeklärter Herrscher bekannt. Leider starb Fulin im Alter von 22 Jahren an den Pocken.

Auch in Europa gab es eine Reihe an bemerkenswerten und bedeutenden Kinderherrschern, aber vielleicht keinen größeren als Iwan IV. (1530-1584), den Zaren (Kaiser) von Russland. Vielleicht ist dir Iwan IV. unter seinem Spitznamen

"Iwan der Schreckliche" bekannt? Diesen Spitznamen hatte er sich redlich verdient, denn er war dafür bekannt, dass er extrem paranoid und manchmal auch ziemlich grausam war. Es wird sogar vermutet, dass er in einem Anfall von rasender Wut seinen eigenen Sohn ermordet hat!

Aber vielleicht sollten wir nicht zu sehr über Iwan urteilen. Er wurde im jungen Alter von 17 Jahren Zar und wuchs in einer Zeit und in einem Umfeld auf, das ziemlich brutal sein konnte. Im Westen führten die Russen ständig mit anderen Europäern und untereinander Krieg, während sie im Osten mit den Mongolen kämpften.

Man kann nur schwer einem dieser Kinderfürsten Vorwürfe für die von ihnen begangenen Fehler und für die Dinge machen, die wir heute als falsch ansehen. Schon in jungen Jahren wurde ihnen eine schwierige Position anvertraut und sie hatten nie wirklich Zeit, einfach nur Spaß zu haben und Kinder zu sein.

Kein Hund, dem
man begegnen möchte

Wenn du jemals nachts in den abgelegeneren Gegenden Großbritanniens unterwegs bist, sei leise und lausche. Je nach Jahreszeit wirst du sicher Grillen, Frösche und andere Käfer und Kleintiere hören können, aber wenn du länger zuhörst, kannst du vielleicht etwas Bedrohlicheres vernehmen.

Möglicherweise wirst du das Heulen eines Wolfs oder eines großen Hundes hören.

"Wölfe und Wildhunde sind auf den Britischen Inseln nicht heimisch", wirst du dir vielleicht denken.

Und genau genommen hättest du damit recht, aber das Heulen, das du hörst, stammt vielleicht aus einer anderen Welt. Seit Hunderten von Jahren gibt es in den ländlichen Gegenden von England, Schottland, Wales und Irland Berichte über gespenstische Rufe und Sichtungen großer schwarzer Hunde. So unheimlich diese Sichtungen auch sind, so schwer sind sie auch nachzuvollziehen. Kein schwarzer Hund wurde jemals fotografisch oder auf Video festgehalten, geschweige denn lebendig gefangen.

Tatsache ist jedoch, dass über einen langen Zeitraum und über Hunderte von Kilometern hinweg eine große Menge schwarzer Hunde gesichtet worden ist. Irgendetwas müssen diese Meschen also gesehen haben, oder?

Wahrscheinlich hast du schon einmal gehört, dass schwarze Katzen Unglück bringen; das Gleiche galt im mittelalterlichen Europa für schwarze Hunde. Man glaubte, dass diese schwarzen Hunde durch schwarze Magie heraufbeschworen wurden und daher eher eine Erscheinung als ein echter Hund waren.

Doch all das gehört in die Welt der Monsterfilme, nicht wahr?

Ich behaupte ganz sicher nicht, dass schwarze Hunde Dämonen aus einer anderen Dimension sind, aber es lässt sich nicht leugnen, dass die Menschen auf den britischen Inseln seit Jahrhunderten *etwas* gesehen haben, und zwar in einigen Gebieten mehr als in anderen.

In der Grafschaft Devon im äußersten Südwesten Englands werden seit Ende des 17. Jahrhunderts schwarze Hunde gesichtet. Die Sichtungen in Devon erlangten solche Bekanntheit, dass der berühmte Romanautor Arthur Conan Doyle (von dem auch die Sherlock-Holmes-Geschichten stammen) sie als Grundlage für seinen Roman *Der Hund von Baskerville* verwendete.

Viele dieser geheimnisvollen schwarzen Hunde erschienen angeblich, nachdem jemand ermordet oder hingerichtet worden war. Der Schwarze Hund von Tring tauchte in der Nähe der Stadt Tring auf, nachdem 1751 ein Mann wegen Mordes hingerichtet worden war, und der Schwarze Hund von Newgate soll das Gefängnis in Newgate heimgesucht haben, nachdem dort 1596 ein Insasse ermordet worden war.

Und auch heute noch werden schwarze Hunde gesichtet.

In der südwestenglischen Grafschaft Dorset behaupten die Einheimischen, wenn man seinen Hund spät in der Nacht auf einem Weg außerhalb der Stadt Lyme Regis frei laufen lässt, dann wird er dem Schwarzen Hund von Lyme Regis zum Opfer fallen.

In jüngerer Zeit, nämlich im Jahr 2003, berichtete ein Jugendlicher aus dem ländlichen England, er habe einen schwarzen Hund von der Größe einer Kuh auf einer einsamen Landstraße gesehen. Die Kreatur rannte davon und wurde nie wieder gesichtet.

Es gibt Hunderte von Sichtungen wie diese, was darauf schließen lässt, dass sie nicht alle frei erfunden sein können. Wenn Menschen wirklich große Exemplare von *Canidae* (die Tierfamilie, zu der Hunde, Wölfe und Kojoten gehören) in ländlichen Gebieten auf den Britischen Inseln sehen, gibt es dann eine rationale Erklärung dafür, die nichts mit dem Übernatürlichen zu tun hat?

Eine Vielzahl von Experten glaubt, dass es sich bei einigen der angeblichen Sichtungen um Falschmeldungen handelt, die darauf abzielen, Aufmerksamkeit zu erregen. Hinter einigen der Falschmeldungen könnten örtliche Geschäftsinhaber stecken, die Touristen in ihre vergessenen Ortschaften locken wollen, während andere nur zum Spaß solche Meldungen verbreiten. Doch nicht alle Fälle können durch Falschmeldungen erklärt werden.

In anderen Fällen haben Menschen vielleicht einfach weggelaufene große Hunde gesehen. Was die Tatsache betrifft, dass die Hunde immer schwarz sind, so muss man bedenken, dass nachts alles etwas dunkler aussieht. Die überdurchschnittliche Größe der schwarzen Hunde ist möglicherweise auf eine übersteigerte Fantasie und Adrenalin zurückzuführen. Auf diese Weise ist die Legende vom schwarzen Hund zu einer Art sich selbst erfüllender Prophezeiung geworden. Jeder im ländlichen England kennt die Legende, und wenn man nachts einen streunenden großen Hund auf dem Lande sieht, glaubt man eben, den schwarzen Hund aus der Legende zu sehen.

Manche wiederum glauben, dass etwas anderes hinter den Sichtungen von schwarzen Hunden steckt.

Obwohl wilde Hunde schon seit Hunderten von Jahren nicht mehr auf den Britischen Inseln leben, glauben manche, dass es sich bei den schwarzen Hunden entweder um eine unbekannte Population von Wildhunden handelt, die noch nicht entdeckt wurde, oder um eine Kreuzung aus Haushund und Wildhund.

Und ob du es glaubst oder nicht, einige Leute sind wirklich der Meinung, dass die schwarzen Hunde Besucher aus einer anderen Welt sind.

Denk also daran, dass wenn du je mit dem Rucksack durch das ländliche Großbritannien wanderst und etwas hörst, das wie ein Wolf klingt, oder wenn du einen ungewöhnlich großen Hund siehst, es sich um einen dieser schwarzen Hunde handeln könnte. Anstatt jedoch zu versuchen, die Existenz dieser Kreaturen zu beweisen, indem du ihn einfängst, würde ich dir empfehlen, den schwarzen Hund weiterziehen zu lassen, während du deiner Wege gehst.

Vielleicht sind schwarze Hunde ja doch Besucher aus einer anderen Welt.

Will Polly einen Keks?

Erinnerst du dich an das erste Mal, als du einen Papagei „sprechen" gehört hast? Ich schon. Ich fand das ziemlich cool und auch ein bisschen seltsam. Ich meine, da saß ein Vogel vor mir, der Wörter sagte, die ich eindeutig verstand. Zugegeben, der Papagei sprach keine vollständigen Sätze oder eine große Anzahl von Wörtern, aber die Tatsache, dass er überhaupt etwas sagte, war ziemlich unglaublich.

„Schließlich können weder mein Hund noch meine Katze irgendwelche Laute von sich geben, die auch nur annähernd wie menschliche Wörter klingen", dachte ich damals.

Einige Papageien sind nachweislich in der Lage, Hunderte von Wörtern zu sprechen, und andere haben gezeigt, dass sie fast schon fähig sind, ein Gespräch mit einem Menschen zu führen. Wie also ist diese unglaubliche Leistung möglich?

Vögel aus der Familie der Papageien sind die häufigsten „Sprechvögel", aber die Familie selbst umfasst viele verschiedene Arten, darunter Sittiche und Kakadus. Afrikanische Graupapageien gelten als die klügsten aller Papageien und als die besten Gesprächspartner.

Es mag dich vielleicht überraschen oder auch nicht, dass Papageien nicht die einzigen Vögel sind, die sprechen können. Mehrere Arten von Singvögeln, darunter Elstern und Spottdrosseln (daher der Name), können einige Wörter sprechen. Die klügsten Vögel unter den Nicht-Papageien sind aber die Krähen.

Ja, genau, Krähen sind ziemlich schlaue Vögel. Sie gehören wohl zu den klügsten Tieren überhaupt und sind in der Lage, sich sozial zu organisieren, zu lernen und sogar einige menschliche Wörter zu imitieren. In manchen Zoos gibt es Krähen, die dafür bekannt sind, menschliche Wörter von sich zu geben, und wenn du einmal für eine Weile einen Krähenschwarm beobachtest, wirst du vielleicht sogar das ein oder andere Wort heraushören können.

Das ist ein bisschen unheimlich, aber gleichzeitig auch cool!

Warum Vögel sprechen, ist unter Wissenschaftlern ein wenig umstritten. Nun, nicht wie es biologisch mithilfe ihrer Stimmbänder funktioniert, sondern eher, warum sie sprechen und ob ihre Formung von Lauten eine Form von Sprechen ist, wie wir es kennen.

Viele Wissenschaftler glauben, dass Vögel, die sprechen, nur Mimikry betreiben. Mimikry ist die Nachahmung dessen, was eine Person oder Sache sagt oder tut. Es gibt mehrere Gründe, warum Vögel die menschliche Sprache nachahmen könnten. Da die meisten Vögel, die wir beim Sprechen beobachten, entweder in Käfigen gehalten werden oder viel Zeit in der Nähe von Menschen verbringen, glauben viele Wissenschaftler, dass sie uns imitieren, um „sich anzupassen". Sie sehen uns möglicherweise als Teil ihres Schwarms, ähnlich wie Hunde uns als Teil ihres Rudels sehen.

Andere Theorien besagen, dass einige sprechende Vögel die Geräusche einer von ihnen als Bedrohung empfundenen Situation imitieren, um die Bedrohung abzuwehren. Oder vielleicht gelten Vögel (und vor allem männliche Vögel), die viele verschiedene Laute kennen, als coole Vögel, die gut bei den Vogeldamen ankommen.

Wer aber glaubt, dass sprechende Vögel nur Geräusche nachahmen, hat Alex, den Graupapagei, noch nie getroffen.

Alex war ein süßer kleiner männlicher Papagei, der 1976 in England geboren wurde und 2007 im Alter von 31 Jahren in den Vereinigten Staaten starb. Alex lebte die meiste Zeit seines Lebens bei der Tierpsychologin Irene Peppenberg, die glaubte, dass Papageien genauso intelligent sind wie Delfine und Affen.

Tut mir leid, liebe Hunde- und Katzenfreunde, aber Peppenberg siedelte Papageien in Sachen Intelligenz ein paar Stufen über unseren vierbeinigen Freunden an.

Alex kannte mehr als 100 Wörter, aber das Erstaunlichste war, dass er zu wissen schien, wie man sie im Umgang mit Menschen einsetzt. In Experimenten zeigte sich, dass Alex nicht nur in der Lage war, einfache Fragen mit Ja oder Nein zu beantworten, sondern auch zählen sowie Gegenstände, Personen und Farben erkennen und sich merken konnte.

Auch wenn nicht alle Experten davon überzeugt waren, dass Alex wirklich so sprach wie ein Mensch, waren sich doch die meisten einig, dass er ein bemerkenswerter kleiner Vogel war.

Wenn du also das nächste Mal hörst, wie jemand als „Vogel" bezeichnet wird, dann denk daran, dass es sich dabei, bezogen auf Papageien und Krähen, eigentlich um ein Kompliment handelt.

Freaky Friday, immer und immer wieder

Heutzutage behaupten viele Leute, dass der Film- und Fernsehindustrie die Kreativität und die Ideen ausgegangen sind. Hollywood sei einfach nicht mehr originell. Um diese Behauptung zu untermauern, verweisen sie auf all jene Filme und Fernsehsendungen aus den 1960er, 70er, 80er und 90er Jahren, die in den letzten zehn Jahren neu produziert wurden. Da du diese früheren Jahrzehnte nicht miterlebt hast, kannst du wahrscheinlich keine dieser Neuverfilmungen auf Anhieb benennen, aber glaub mir, es gibt eine ganze Reihe davon. Viele davon sind zudem Filme, die sich an deine Altersgruppe richten.

Einer dieser Filme ist *Ein Zwilling kommt selten allein*. Die Originalfassung von *Ein Zwilling kommt selten allein* war ein Disney-Film aus dem Jahr 1961 (damals unter dem Titel *Die Vermählung ihrer Eltern geben bekannt*), in dem die britische Teenager-Schauspielerin Hayley Mills als Hauptdarstellerin in einer Doppelrolle zu sehen war. Im Film trifft Mills' erste Filmfigur in einem Sommercamp auf ihre andere Figur, und die beiden Mädchen erfahren, dass sie Zwillinge sind, die nach der Geburt getrennt wurden und deren Eltern geschieden sind. Die Mädchen arbeiten daraufhin erfolgreich daran, ihre Eltern wieder zusammenzubringen.

124

So albern und unglaubwürdig *Ein Zwilling kommt selten allein* auch war, die Generation deiner Großeltern liebte diesen Film. Er wurde 1998 mit Lindsey Lohan in der doppelten Hauptrolle neu verfilmt. Und was viele nicht wissen: Die Vorlage zu diesem Film ist das Buch *Das doppelte Lottchen* von Erich Kästner.

Die 1998 erschienene Version von *Ein Zwilling kommt selten allein* machte die Idee von Film-Remakes populär und verhalf Lohan zum Durchbruch als Filmstar. Eine ihrer nächsten großen Rollen war in einem anderen beliebten Teenagerfilm, der bereits mehrfach neu verfilmt wurde.

So beliebt *Ein Zwilling kommt selten allein* bei Kindern in deinem Alter auch war, so hat sich *Freaky Friday* als noch größerer Erfolg erwiesen. Die Erstverfilmung von *Freaky Friday* kam 1976 heraus, mit Barbara Harris in der Rolle der Mutter und Jodie Foster als ihre 13-jährige Tochter. Falls du diesen Film oder eine seiner Neuverfilmungen noch nie gesehen hast, dann solltest du wissen, dass es sich dabei um eine Art Science-Fiction-Film handelt. Der Film beginnt am Tag vor Freitag dem 13., an dem sich sowohl Mutter als auch Tochter wünschen, sie könnten für einen Tag ihre Rollen tauschen. Als ihr Wunsch an jenem Freitag dem 13. irgendwie in Erfüllung geht, ist der Spaß vorprogrammiert.

Freaky Friday erwies sich als so erfolgreich, dass er 1995 und 2018 von Disney für das Fernsehen und 2003 als Kinohit mit Lindsay Lohan in der Hauptrolle neu aufgelegt wurde. Zweifelsohne wird *Freaky Friday* in nicht allzu ferner Zukunft noch einmal neu verfilmt werden.

Warum also ist *Freaky Friday* schon über so einen langen Zeitraum so beliebt? Nun, der erste Film basierte auf einem Bestseller von Mary Rodgers aus dem Jahr 1972, weshalb die

Filmproduzenten mit Recht davon ausgingen, dass der Grundgedanke dahinter funktionierte. Auf den ersten Blick scheint die Idee albern, aber wenn du mal darüber nachdenkst, dann hat jeder, der dies liest, schon einmal mit dem Gedanken gespielt, mit jemand anderem die Rollen zu tauschen. Manchmal sogar mehr als nur ein bisschen.

„Wäre es nicht toll, wenn ich diese unbequemen Jahre einfach umgehen und erwachsen werden könnte?"

So dachte ich, als ich in deinem Alter war, und dasselbe dachten auch meine Schwester und so ziemlich jedes Kind, das wir damals kannten. Es scheint sich hierbei um ein Gefühl zu handeln, das von nahezu allen Kindern der heutigen Zeit geteilt wird. Aber so lustig und albern die *Freaky Friday*-Filme auch sind, sie enthalten eine wichtige Lektion, die du dir merken solltest.

Lass dir Zeit mit dem Erwachsenwerden. Deine Kindheit ist einmalig und eines Tages wirst du mit großer Freude an sie zurückdenken.

Schule damals

Wenn du mit der Grundschule fertig bist und auf eine weiterführende Schule gehst, dann hast du dir wahrscheinlich bereits eine ziemlich feste Meinung über die Schule gebildet. Das Essen in der Schulkantine ist im Allgemeinen schlecht, es gibt gute und schlechte Lehrer, und die Busfahrt zur Schule kann lustig und nervig zugleich sein. Alles in allem ist die Schule eine ziemlich gemischte Sache; sie hat ihre guten und ihre schlechten Seiten.

Da aber in letzter Zeit der Präsenzunterricht vielerorts zurückgefahren wurde, ist es gut möglich, dass du ihn ein wenig vermisst.

Zweifellos ist die Schule ein wichtiger Teil deines Lebens und wird es auch in den kommenden Jahren sein, aber wie oft denkst du wirklich daran, wenn du nicht dort bist? Hast du jemals darüber nachgedacht, wie die Schule für Kinder in deinem Alter früher war? Und mit „früher" meine ich nicht die 80er oder 90er Jahre, als deine Eltern noch zur Schule gingen. Ich kann dir aus eigener Erfahrung sagen, dass dieses „früher" nicht viel anders war als das, was du unter Schule heute verstehst.

Nein, was ich meine ist der Schulalltag vor etwa 100 oder noch mehr Jahren.

Die Schulen waren damals etwas anders, aber sie waren dennoch Schulen.

Vor 1800 waren die Schulen nicht wie heute in Grundschulen und weiterführende Schulen unterteilt. Die Art der Schulbildung, die man erhielt, hing oft mehr vom sozialen Status der Familie als von den eigenen Fähigkeiten ab, und es machte auch einen Unterschied, ob man ein Junge oder ein Mädchen war.

Einige der frühesten Schulen der Geschichte wurden vor mehr als 5.000 Jahren im alten Ägypten betrieben. Diese als „Haus des Lebens" bekannten Schulen ähnelten Universitäten, die sich auf die religiöse Ausbildung spezialisierten, aber die Schüler auch in Wissenschaft, Geschichte und Grammatik unterrichteten.

Später, im Jahr 387 v. Chr., gründete der griechische Philosoph Platon die Platonische Akademie in Athen. Die Platonische Akademie war das Zentrum des Lernens in der antiken griechischen Welt und beeinflusste die Art und Weise, wie die Schulbildung im antiken Rom und im mittelalterlichen Westeuropa vermittelt wurde.

Im 11. und 12. Jahrhundert wurden in Westeuropa die ersten Universitäten, wie wir sie kennen, gegründet. Diese Bildungsstätten wurden von der katholischen Kirche betrieben und der Lehrplan war in erster Linie religiös ausgerichtet, obwohl er später auch Recht, Naturwissenschaften, Geschichte und verschiedene andere Fächer umfasste.

Auch im alten und mittelalterlichen Indien und China nahm die Schulbildung einen sehr wichtigen Platz ein. In Indien lernten die Schüler Religion in Schulen, den so genannten Gurukulas, und in China trug die Philosophie des Konfuzianismus zu einem gut entwickelten Bildungssystem bei. Um 600 n. Chr. konnten sich in China Studenten in Privatschulen einschreiben, um für die Prüfungen zum öffentlichen Dienst zu lernen. Je besser ein Schüler bei diesen Prüfungen abschnitt, desto größer waren seine Chancen auf einen guten Arbeitsplatz.

So sehr diese antiken und mittelalterlichen Schulen den heutigen Schulen auch ähnelten, so gab es doch ein paar wesentliche Unterschiede. Erstens gab es keine organisierte Grundschule, wie du sie kennst. Jüngere Kinder mussten privat unterrichtet werden, aber die meisten erhielten nie eine formale Ausbildung.

Zweitens war es Mädchen größtenteils untersagt, Schulen zu besuchen. In manchen dieser Kulturen erhielten einige der Mädchen, die der Elite oder dem Adel angehörten, eine Schulbildung, aber die meisten wurden von der Schule ferngehalten.

Zum Glück für euch alle änderte sich das jedoch um 1800. Die meisten wohlhabenderen Länder begannen im späten 18. und frühen 19. Jahrhundert mit der Einrichtung von steuerfinanzierten kostenlosen/öffentlichen Schulen. Auch in Ländern, die noch Kolonien europäischer Mächte waren, wie z. B. Indien, wurden mehr und mehr Schulen gebaut.

Ende des 19. Jahrhunderts gab es in allen amerikanischen Bundesstaaten öffentliche Schulen, und die Vereinigten Staaten wurden zu einem der Länder mit dem höchsten Bildungsniveau.

Mit Beginn des 20. Jahrhunderts wurden Gesetze erlassen, die den Schulbesuch für Kinder unter einem bestimmten Alter vorschrieben.

In den Vereinigten Staaten und den meisten anderen Ländern haben Kinder aller Rassen, Gesellschaftsschichten und Geschlechter heute das Recht auf eine kostenlose Grund- und weiterführende Schulbildung. Als deine Eltern in deinem Alter waren, war der Schulalltag ziemlich genau so, wie er heute ist. Deine Eltern hatten sogar Computer in ihren Klassenzimmern, auch wenn sie bei weitem nicht so cool waren wie die Tablets, mit denen du deine Hausaufgaben erledigst.

In Frankreich gibt es
keinen „French Toast[1]"

Ich denke, du wirst mir zustimmen, dass Pfannkuchen toll sind, aber French Toast noch besser ist. Dieser Geschmack nach Eiern hat einfach etwas, das den Nagel auf den Kopf trifft, und der Name „French Toast" lässt einen glauben, dass man etwas Exotisches isst.

Aber ist es tatsächlich etwas Exotisches?

Die Antwort auf diese Frage ist etwas kompliziert.

Das, was die Amerikaner unter dem Namen French Toast kennen, gibt es schon seit mehreren hundert Jahren. Es ist sehr leicht zuzubereiten. Man nimmt einfach ein paar Eier, schlägt sie auf und gibt sie zu einer Mischung aus Milch, Zucker, vielleicht ein wenig Sahne oder sogar etwas Honig. Dann tränkt man einige Brotscheiben in dieser Mischung, legt sie in eine Pfanne und voilà (das ist übrigens ein französisches Wort!), schon hat man French Toast.

French Toast ist auf der ganzen Welt ein beliebtes Gericht. In vielen Ländern wird es, wie in den Vereinigten Staaten, zum

---

[1] „French Toast" (wörtlich: „Französisches Toastbrot") ist die im nordamerikanischen Sprachraum gängige Bezeichnung für in Milch, Eier, Zucker, Vanille und Salz eingelegte und anschließend in Fett gebratene Weißbrotscheiben. Im Deutschen wird meist der Name „Arme Ritter" dafür verwendet.

Frühstück gegessen, während es in einigen Teilen Skandinaviens eher als Nachspeise gereicht wird.

Weltweit gibt es viele Namen für French Toast. In der spanischsprachigen Welt wird es „torrija" genannt, während die Portugiesen es als „rabanadas" bezeichnen. In Hong Kong heißt es „Westliches Toastbrot" und „eggy bread" („Eierbrot") in Großbritannien.

Am interessantesten ist vielleicht jedoch, dass French Toast in Frankreich als „pain perdu" bezeichnet wird. Falls du dich fragst: Pain perdu heißt auf Deutsch „verlorenes Brot".

Du denkst jetzt wahrscheinlich: „Wenn die Franzosen und *der Rest der Welt* es nicht French Toast nennen, warum heißt es dann so in den Vereinigten Staaten?"

Eine wirklich klare Antwort auf diese wichtige Frage scheint es nicht zu geben, aber es gibt ein paar gute Erklärungsmöglichkeiten.

Eine erste Erklärung besagt, dass pain perdu von französischen Kolonisten im heutigen Quebec und Louisiana nach und nach in Nordamerika eingeführt wurde. Die Mehrheit der Siedler in Nordamerika war englischsprachig und verwendete nicht mehr den französischen Namen des Gerichts, sondern den Namen des Volkes, das es ihnen vorgestellt hatte. Diese Erklärung erscheint sinnvoll, vor allem wenn man bedenkt, dass French Toast in New Orleans[2] immer noch pain perdu genannt wird. Aber es ist auch eine etwas langweilige Erklärung.

Mir gefällt der zweite Erklärungsansatz besser.

---

[2] Stadt in den Südstaaten der USA, die sehr vom Erbe der französischen Siedler geprägt ist.

Die interessantere und etwas humorvollere Erklärung geht auf einen Gastwirt in Albany, New York, zurück, der das Gericht im Jahr 1724 kennenlernte. Er begann, das Gericht in seinem Gasthaus anzubieten, und schon bald wurde es unter seinem Namen, John French, bekannt. Möglicherweise nannte man es eine Zeit lang „Frenchs Toast", bevor man das "s" einfach weggelassen hat.

Wie und warum French Toast in Amerika zu seinem Namen kam, musst du selbst entscheiden. Aber weißt du, was ich sicher weiß? Dass mich dieses ganze Gerede über pain perdu, Eiertoast und French Toast ganz schön hungrig gemacht hat. Ich muss mal schnell in den Laden, um Milch, Brot, Eier und Zucker zu besorgen.

Lamas sind in Wirklichkeit Kamele, in gewisser Weise zumindest

Lamas sind erstaunlich faszinierende Tiere, wenn man darüber nachdenkt ... und sie beobachtet. Sie tummeln sich in ihren Gehegen und können manchmal recht schnell rennen, um Futter zu holen oder etwas anzugreifen. Ja, obwohl sie domestiziert sind, können Lamas recht aggressiv sein und Eindringlinge, egal ob Tier oder Mensch, anspucken oder sogar beißen.

Lamas werden im Allgemeinen wegen ihrer Wolle und ihres Fleisches gezüchtet. Ja, Lamafleisch ist eine leckere Sache! Das Volk der Moche in Südamerika domestizierte Lamas erstmals vor mehr als 1.000 Jahren, und später nutzten die Inkas Lamas in großem Umfang als Lasttiere für den Transport von Waren in ihrem Reich.

Das Gesicht eines Lamas hat einfach eine Ausstrahlung, die einen nicht mehr wegsehen lässt und zum Lachen bringt. Es hat etwas Hässliches an sich, das es schon wieder niedlich macht, ähnlich wie bei einem Kamel. Nun, der Grund, warum Lamas Kamelen ähneln, ist, dass die beiden Tiere eng miteinander verwandt sind.

Sowohl Lamas als auch Kamele gehören zur Tierfamilie der Camelidae. Wissenschaftler gehen davon aus, dass sich die ersten Kameliden vor etwa 45 Millionen Jahren in

Nordamerika entwickelten und dann nach Norden und Süden wanderten. Diejenigen, die sich nach Norden bewegten, gelangten schließlich von Alaska nach Asien, als es dort noch eine Landbrücke gab, von wo sie sich dann weiter nach Asien und Afrika ausbreiteten. Bei den heute in China und der Mongolei lebenden Kamelen handelt es sich um die als baktrische Kamele bekannten zweihöckrigen Kamele. Die häufiger vorkommenden einhöckrigen Kamele im Nahen Osten und in Nordafrika werden Dromedare genannt.

Die Kameliden, die südwärts nach Südamerika zogen, teilten sich ebenfalls auf, und zwar in vier verschiedene Arten: Lamas, Alpakas, Guanakos und Vikunjas. Guanakos, Vikunjas und Alpakas sind kleiner als Lamas, und während Alpakas reine Haustiere sind, leben Guanakos und Vikunjas in den Hochgebirgsregionen Südamerikas in freier Wildbahn.

Da Lamas mit den Kamelen verwandt sind, haben sie auch ähnliche Veranlagungen. So widerspenstig Kamele auch sein mögen, Lamas können noch schlimmer sein. Da sie so gemein sein können, setzen Schafhirten manchmal sogar Lamas und nicht Hunde zum Schutz ihrer Herden ein.

Denk daran: Wenn du jemals Lamas auf einem Bauernhof siehst und den Drang verspürst, ihr langes, zotteliges Fell zu kraulen oder ihre seltsamen, aber niedlichen Nasen zu streicheln, dann überleg es dir zweimal. Diese liebenswert aussehenden Lamas können im Gegenzug den Drang verspüren, dich zu beißen oder anzuspucken, so wie es ihre Kamelverwandten in Afrika und Asien tun.

Die südamerikanischen Kameliden haben ein ähnliches Gesicht, ähnliche Füße und eine ähnliche Veranlagung wie ihre Vettern, aber ihnen fehlt ein offensichtliches Merkmal -

der Höcker. Dromedare sind natürlich für ihren Höcker bekannt, und baktrische Kamele haben zwei davon. Wenn also Lamas so eng mit Kamelen verwandt sind, warum haben sie dann keine Höcker?

Obwohl Biologen es nicht genau wissen, glauben sie, dass sich Kamele schneller an das Leben in den Wüsten der Mongolei, des Nahen Ostens und Nordafrikas angepasst haben und weiterentwickelten. Der Höcker eines Kamels dient der Wasserspeicherung, was in den Wüstenregionen, in denen es lebt, unverzichtbar ist. Lamas und ihre südamerikanischen Vettern hingegen leben in Regionen mit einem höheren Wasserangebot.

Mit anderen Worten: Die Wissenschaftler glauben, dass Kamele ihre Höcker als Anpassungsmaßnahme entwickelt haben.

Unterschätze niemals
Büroklammern und Gummibänder

Es besteht kein Zweifel, dass wir vieles in unserem Leben als selbstverständlich ansehen. Die Sonne wird morgen wieder aufgehen, der Winterbeginn ist im Dezember (oder im Juni, wenn du auf der Südhalbkugel lebst), und wir müssen für den Rest unserer Tage Steuern zahlen (über das letzte Thema musst du dir erst in ein paar Jahren Gedanken machen).

Außerdem halten wir technische Annehmlichkeiten oft für selbstverständlich. Autos, Handys, Computer und sogar Strom werden ohne großes Nachdenken benutzt. Es gibt Hunderte von Dingen, die du jeden Tag in Anspruch nimmst und wahrscheinlich als selbstverständlich ansiehst. Ja, es gibt wirklich viel modernen Komfort, den wir für selbstverständlich halten.

Im Großen wie im Kleinen.

Hast du dir jemals über die Wissenschaft und die Geschichte hinter Büroklammern und Gummibändern Gedanken gemacht, oder darüber, wie sehr diese beiden kleinen Dinge das moderne Leben beeinflusst haben?

Beide sehen ziemlich einfach aus, aber Büroklammern und Gummibänder sind relativ neue Erfindungen. Die Büroklammer wurde Ende des 19. Jahrhunderts erfunden, während die Idee des Gummibands seit Mitte des 18.

Jahrhunderts bekannt ist, wobei aber das Gummiband, wie wir es kennen, erst 1957 patentiert wurde.

Das war bereits, nachdem einige eurer Großeltern geboren waren!

Die Büroklammer, wie wir sie heute kennen, heißt „Gem"-Büroklammer. Dabei handelt sich einfach um einen Draht aus Stahl, der manchmal auch mit Kunststoff ummantelt ist, der in einem als *Torsion* bezeichneten Prozess gebogen wird. Der Effekt der Torsion verleiht dem Draht eine einzigartige Form und Elastizität, die es ihm ermöglicht, das zu tun, was er tut.

Das Interessante an Büroklammern ist, dass, obwohl verschiedene Formen von ihnen bereits ab dem späten 19. Jahrhundert in Gebrauch und patentiert worden waren, es zu der Zeit, als die Gem-Büroklammer sich durchsetzte, keine Patente auf diese gab. Einige behaupten, dass die Gem-Büroklammer in den Vereinigten Staaten erfunden wurde, während andere sagen, dass ein Norweger namens Johan Vaaler sie entwickelte. Vaaler erfand zwar eine bestimmte *Art* von Büroklammer, aber nicht die Gem-Klammer.

Es scheint, dass die Gem-Klammer in Europa im späten 19. Jahrhundert erfunden wurde und sich dann im frühen 20. Jahrhundert durchsetzte. Ein Unternehmen hat sich den Namen „Gem" schützen lassen, aber es gab nie irgendwelche Beschränkungen für die Herstellung von Büroklammern im Gem-Stil.

Das Gummiband hat eine ähnliche Geschichte.

Da Kautschuk von speziellen Bäumen stammt, die nur in tropischen Regionen der Welt vorkommen, fand er erst nach 1800 allgemeine Verbreitung. Im Jahr 1845 erhielt der Engländer Stephen Perry ein Patent für einen Gummistreifen, der das erste Gummiband der Welt werden sollte. Es hatte aber nicht viel praktische Anwendung, so dass es schnell in Vergessenheit geriet.

Erst Anfang des 20. Jahrhunderts begann der Amerikaner William H. Spencer, mit Gummi und dem bestehenden Gummiband zu experimentieren, um eine neue, praktischere Anwendung zu finden. Im Jahr 1957 erhielt Spencer ein Patent für die Ringform des Gummibands, die wir heute kennen.

Die Büroklammer und das Gummiband erreichten den Höhepunkt ihrer Popularität in den 1990er Jahren, als sie für die Sortierung unzähliger Dokumente verwendet wurden. Da jedoch seit etwa 2010 und den darauffolgenden Jahren immer mehr Unternehmen, Behörden und Privatpersonen papierlos arbeiten, sind der Absatz und die Produktion von Büroklammern und Gummibändern zurückgegangen.

Solange Papier allerdings eine Rolle spielt, werden auch Büroklammern und Gummibänder ihre Berechtigung haben. Keine Sorge also, in der Schule wird es immer genügend Büroklammern geben, aus denen du Halsketten und Armbänder basteln kannst. Es werden auch weiterhin jede Menge Gummibänder für dich zur Verfügung stehen, mit denen du Wettbewerbe zur Herstellung von Gummibandkugeln veranstalten kannst.

Und ja, es werden genug Gummibänder für Gummibandschlachten übrigbleiben. Lass dich nur nicht erwischen!

Was wurde aus all den Kinderschauspielern?

Du weißt wahrscheinlich, dass Ariana Grande ihre Karriere als Schauspielerin bei Nickelodeon begann. Nachdem sie ein paar Jahre im Fernsehen aufgetreten war, machte Grande den nächsten großen Sprung in die Musikbranche und ist jetzt ein bekannter Name. Grande ist aber nicht der einzige Star, der es vom Kinderschauspieler zur großen Berühmtheit gebracht hat. In der Musik-, Film- und Fernsehbranche gibt es zahlreiche Erwachsene, die als Kinderschauspieler ihren großen Durchbruch hatten.

Bevor er es in die oberste Riege der Filmschauspieler schaffte, begann Leonardo DiCaprio seine Karriere in der amerikanischen Familiensitcom *Unser lautes Heim*, die Ende der 1980er und Anfang der 90er Jahre lief.

In einem früheren Kapitel haben wir schon angesprochen, dass Jodie Foster in den 1970er Jahren eine sehr beliebte junge Schauspielerin war, die neben *Freaky Friday* auch in den Filmen *Taxi Driver* und *Alice lebt hier nicht mehr* mitspielte. Als Erwachsene war Foster in Filmhits wie *Das Schweigen der Lämmer* zu sehen.

An viele erfolgreiche Kinderschauspieler erinnert man sich nicht mehr, weil sie sich für einen anderen Lebensweg entschieden.

Ken Osmond, der durch die Rolle des Eddie Haskell in der amerikanischen Sitcom *Erwachsen müsste man sein* Ende der 1950er und Anfang der 1960er Jahre bekannt wurde, war 18 Jahre lang in Los Angeles Polizist. Er sagte, er habe es schwer gehabt, andere Rollen in Hollywood zu bekommen, nachdem er so viele Jahre lang die Rolle des Eddie Haskell gespielt hatte, aber er sei dennoch zufrieden damit, wie sich sein Leben entwickelt habe.

Leider war es für viele Kinderschauspieler schwierig, mit Ruhm und Geld klarzukommen. Viele dieser Kinder waren nicht nur zahlreichen Versuchungen in einem solch jungen Alter ausgesetzt, sondern wurden auch von unmoralischen Talentagenten, Fernseh- und Filmproduzenten und manchmal sogar von ihren eigenen Eltern ausgenutzt und missbraucht!

Der Fernsehschauspieler Gary Coleman, der in den 1980er Jahren in der erfolgreichen Fernsehserie *Diff'rent Strokes* mitspielte, verklagte sogar seine eigenen Eltern, weil sie ihm das in seiner Zeit als Kinderschauspieler verdiente Geld weggenommen hatten. Coleman hatte sein ganzes Erwachsenenleben lang Probleme und starb im Alter von 42 Jahren.

Falls du *Diff'rent Strokes* noch nie gesehen hast, es handelte sich dabei um eine Sitcom über das Auf und Ab einer ethnischen Mischfamilie im New York der 1980er Jahre. Der Vater war ein reicher weißer, verwitweter Millionär, der eine weiße Tochter aus erster Ehe hatte. Zu Beginn der Serie adoptierte er zwei schwarze Brüder, was schon bald für Komik - und manchmal auch für Ärger - sorgte.

Aber auch abseits des Bildschirms gab es für Coleman und seine beiden Kinderschauspielerkollegen, Dana Plato und Todd Bridges, reichlich Ärger.

Plato, die die Tochter Kimberly spielte, entwickelte während der Serie ein Drogenproblem und konnte nach dem Ende der Serie 1986 keine Arbeit beim Fernsehen oder Film mehr finden. Sie starb tragischerweise 1999 im Alter von 34 Jahren an einer Überdosis Drogen in einem Wohnmobil in Oklahoma.

Bridges, der den Bruder Willis spielte, kämpfte in seiner Jugend und als Erwachsener ebenfalls mit der Drogensucht. Er wurde mehrmals wegen Drogen- und Waffenbesitzes verhaftet, kam aber 1993 endgültig von der Sucht los. Seitdem setzt sich Bridges für die Drogenbekämpfung ein und spricht über die Gefahren, denen Kinderdarsteller ausgesetzt sind.

Wenn du davon träumst, im Showbusiness groß rauszukommen, dann gib diesen Traum nicht auf. Denk aber daran, dass es viel harte Arbeit erfordert, und falls du Erfolg hast, warten Versuchungen und schlechte Einflüsse an jeder Ecke auf dich. In gewisser Hinsicht sind das alles Dinge, denen die meisten Erwachsenen ausgesetzt sind, aber Kinderschauspieler werden schon in jungen Jahren in diese Situationen hineingeworfen und haben oft niemanden, der auf sie aufpasst.

Eine selbstgemachte Kohlenstoff-Schlange

In unserem Mumifizierungsexperiment von vorher im Buch haben wir gesehen, wie verschiedene Chemikalien organische Stoffe konservieren können. Obwohl sich das Aussehen unseres Hotdogs ein wenig veränderte, blieb er weitgehend erhalten, so wie die alten Ägypter ihre Mumien haltbar machten.

Doch mit der richtigen Kombination aus Chemikalien und ein wenig Hitze kann man auch das Aussehen eines Gegenstands radikal verändern und scheinbar etwas aus dem Nichts schaffen!

Unser nächstes Experiment untersucht, wie die richtige Kombination aus Chemikalien und drei chemischen Reaktionen eine cool aussehende Kohlenstoff-„Schlange" erzeugt.

Dieses Experiment ist einfach und macht Spaß, aber da wir dafür Feuerzeugbenzin benötigen, sollte ein Erwachsener dabei sein, wenn du es ausprobierst.

Für dieses Experiment brauchst du etwas Feuerzeugbenzin, ein Feuerzeug, einen Teelöffel Zucker und einen Teelöffel Backpulver. Außerdem brauchst du eine mit Sand gefüllte Kuchenform.

Mische gründlich den Zucker und das Backpulver in einer Schüssel. Schütte dann in der mit Sand gefüllten Kuchenform einen kleinen Sandhügel in der Mitte auf. Der Hügel sollte etwa sieben bis zehn Zentimeter hoch sein und den größten Teil der Kuchenform abdecken. Drücke nun eine Vertiefung in die Mitte des Hügels.

Gieße als Nächstes die Feuerzeugflüssigkeit auf den Hügel. Schütte dabei so viel Flüssigkeit auf den Hügel, dass er merklich dunkler ist als der trockene Sand, der den Hügel umgibt.

Gib nun deine Backpulver-Zucker-Mischung auf den Hügel und zünde ihn unter Aufsicht eines Erwachsenen an.

Bei diesem Experiment geht es ebenso um Geduld wie um die Verbrennung von Kohlenstoff. Sobald du sie anzündest, beginnt die Mischung sofort zu blubbern, zu brennen und schwarz zu werden. Langsam wird der schwarze Kohlenstoff jedoch aus dem Hügel aufsteigen und das Aussehen einer schwarzen Schlange annehmen. Der gesamte Vorgang dauert etwa 20 Minuten oder länger.

Wie funktioniert das Ganze also? Nun, wenn man die Zucker-Backpulver-Mischung anzündet, entsteht Kohlendioxid, das einen Teil der Mischung nach oben drückt. Allerdings hat diese keine Sauerstoffzufuhr. Du weißt wahrscheinlich, dass Menschen und Tiere Sauerstoff zum Leben brauchen, oder? Nun, das Gleiche gilt in gewisser Weise auch für Feuer.

Anstatt zu verbrennen, verändert das Gemisch, das nicht genügend Sauerstoff erhält, seine Form in einem Prozess, der als „thermische Zersetzung" bezeichnet wird. Das Ergebnis ist, dass sich das Gemisch in eine Kombination aus festem Kohlenstoff (die Schlange) und Wasserdampf verwandelt.

Der Sand verteilt die Hitze gleichmäßig und sorgt dafür, dass die Verbrennung langsam und gleichmäßig erfolgt.

Fernlicht, Teil II

Die nächste Geschichte könnte überall in den Vereinigten Staaten oder irgendwo auf der Welt spielen. Es handelt sich dabei um einen unheimlichen urbanen Mythos, der den Wunsch der Menschen, anderen zu helfen, in einem sehr gefährlichen Licht erscheinen lässt.

Es gibt mehrere Versionen dieses urbanen Mythos, aber beide wurden scheinbar in den 1990er Jahren in den Vereinigten Staaten populär und verbreiteten sich von dort aus in andere Teile der Welt. Wie alle urbanen Mythen handelt es sich wahrscheinlich nicht um wahre Begebenheiten oder die zugrundeliegenden Ereignisse sind schlecht dokumentiert, aber die Tatsache, dass sie möglich erscheinen, macht sie so furchterregend und sorgt dafür, dass sie sich in den Köpfen der Menschen festsetzen.

Die populärste Version dieses urbanen Mythos besagt, dass angehende Bandenmitglieder nachts absichtlich mit ausgeschalteten Scheinwerfern herumfahren. Dies ist Teil eines ausgeklügelten und brutalen Initiationsrituals für die Bandenmitgliedschaft. Sie warten nämlich darauf, dass brave Bürger in entgegenkommenden Autos mit ihrer Lichthupe darauf aufmerksam machen, dass ihre Lichter ausgeschalten sind.

Sobald jemand das Bandenmitglied „anblinkt", dreht das Bandenmitglied mit seinem Wagen um, holt den braven

Bürger ein und erschießt ihn, um ein vollwertiges Mitglied der Bande zu werden.

Diese neue und brutale Art der Bandenaufnahme sorgte in den 1990er Jahren immer wieder für Schlagzeilen, und Ende der 1990er Jahre, als das Internet aufkam, verbreiteten sich die Berichte auch in andere Länder.

Es gab Berichte, dass in Kanada, England und verschiedenen Ländern Südamerikas Bandenmorde mit "ausgeschalteten Scheinwerfern" oder "Fernlicht" begangen wurden. Es schien, als ob eine Epidemie bizarrer Bandengewalt die Vereinigten Staaten und möglicherweise die ganze Welt erfasste.

Allerdings war dem nicht so.

Bis heute gibt es keinen wirklich dokumentierten Fall eines "Fernlicht"-Mordes als Teil eines Bandeneinführungsrituals. Es wird vermutet, dass es tatsächlich einen Vorfall gab, bei dem dies geschah, obwohl es nicht sicher ist, dass Bandenmitglieder daran beteiligt waren. Wie bei allen urbanen Mythen/Legenden wurden die Dinge durch eine Kombination aus Angst und der Medienberichterstattung stark übertrieben.

Es gibt auch eine andere Version des Fernlicht/ausgeschaltete Scheinwerfer-Mythos, die viele Leute für glaubwürdiger halten.

In dieser Version fährt ein Serienmörder nachts mit ausgeschalteten Scheinwerfern herum und wartet auf ein Opfer. Die erste Person, die ihn mit der Lichthupe anblinkt, wird sein Opfer.

Der Grund, warum viele an die zweite Version des Fernlicht-Mythos glauben, ist der Umstand, dass liegengebliebene Autos relativ häufig als ein trickreicher Vorwand von Kriminellen genutzt wurden, um Verbrechen zu begehen.

Dennoch gibt es keinen dokumentierten Fall eines Serienmörders, der mit ausgeschaltetem Licht herumfuhr, um neue Opfer anzulocken.

Obwohl sich die Fernlicht-Morde als urbaner Mythos erwiesen haben, weigern sich seit den 1990er Jahren viele Menschen, mit dem Fernlicht zu blinken, wenn sie einem Auto mit ausgeschalteten Scheinwerfern begegnen. Wenn du deinen Führerschein machst und dir nachts ein Auto mit ausgeschalteten Scheinwerfern begegnet, denke daran, dass die Wahrscheinlichkeit gleich null ist, dass es sich bei dem Fahrer dieses Autos um ein Bandenmitglied inmitten eines Initiationsrituals oder um einen Serienmörder auf der Suche nach einem Opfer handelt.

Fast gleich null.

Aufhören ist
nicht einfach

Billy war ein ganz normaler College-Absolvent, der im Leben noch viel vor sich hatte. Er hatte einen guten Job, eine nette Freundin und er wohnte in einer schönen Wohnung. Es lief wirklich gut für ihn, bis auf eine Sache.

Billy war starker Raucher.

Billy rauchte zwei oder mehr Schachteln Zigaretten pro Tag, und obwohl er mehrmals versuchte, damit aufzuhören, konnte er die Sucht einfach nicht besiegen. Er erzählte allen seinen Freunden, dass er alles dafür tun würde, um aufzuhören.

Hier begann Billys Alptraum. Euch, die ihr das lest, soll diese Geschichte jedoch dazu ermutigen, auf eure Gesundheit zu achten und sie soll euch daran erinnern, dass nichts, was sich lohnt, im Leben einfach ist. Wo auch immer Billy heute ist, er wünscht sich wahrscheinlich, er hätte daran gedacht, als das alles begann.

Billy versuchte immer wieder, mit dem Rauchen aufzuhören, aber er scheiterte jedes Mal. Er versuchte es mit Nikotinpflastern, er versuchte es mit kaltem Entzug, und er versuchte sogar Hypnose. Nichts davon funktionierte.

Eines Tages sprach eine Freundin von Billy namens Cheryl ihn an.

„Wie ich höre, fällt es dir schwer aufzuhören?"

„Ja", antwortete Billy. „Hast du eine Idee?"

Es war, als hätte Cheryl auf diese Frage gewartet. Sie zog eine Visitenkarte heraus und reichte sie Billy. Darauf stand die Aufschrift „Quitters Inc." zusammen mit einer Telefonnummer.

„Ruf die Nummer an, aber sag niemandem etwas davon", erklärte Cheryl und ging ihres Weges.

Billy fand die letzte Anweisung etwas seltsam, aber er beschloss, den Anruf zu tätigen. Er sprach am Telefon mit einem Mann, der sich Dr. Nineveh nannte und gleich zur Sache kam. Er versicherte Billy, dass er ihn dazu bringen könne, mit dem Rauchen aufzuhören, wenn er dem Entwöhnungsplan zustimme.

„Okay, wie viel kostet das?", fragte Billy.

„Darum kümmern wir uns später", antwortete Dr. Nineveh.

Billy ging nach Hause und rauchte alle Zigaretten seiner Schachtel bis auf eine auf. Er beschloss, diese für den Morgen aufzusparen, bevor er mit dem Programm von Dr. Nineveh begann. Dann fiel Billy in einen unglaublich tiefen Schlaf.

In einen fast unnatürlich tiefen Schlaf.

Billy wachte auf und fühlte sich besonders erholt. Er zog seinen Bademantel an und ging ins Wohnzimmer, wo er die letzte Zigarette liegen gelassen hatten. An ihrer Stelle fand er aber zwei frische Päckchen vor.

„Das ist seltsam", grübelte Billy. „Ich dachte, ich hätte nur noch eine Zigarette übrig."

Ohne groß darüber nachzudenken, zündete sich Billy seine erste Zigarette des Tages an.

Dann ging es los. Man kann es nur als das lauteste und schrillste Kreischen beschreiben, das man sich vorstellen kann. Es war so durchdringend, dass Billy die Zigarette aus dem Mund fiel und er vor Schmerz zu Boden ging und sich die Ohren zuhielt.

Dann hörte es auf und eine vertraute Stimme erklang in Billys Wohnung.

„Guten Morgen Billy", sagte die Stimme. „Hier spricht Dr. Nineveh. Dein Programm zur Raucherentwöhnung beginnt jetzt. Du darfst diese Wohnung nicht verlassen, bis du deine ekelhafte Sucht abgelegt hast und einsiehst, wie zerstörerisch sie ist."

Billy konnte nicht ausmachen, woher die Stimme kam, aber er beschloss, die Wohnung zu verlassen. Er öffnete die Eingangstür, starrte aber verblüfft auf eine Mauer aus Ziegelsteinen. Billy zog daraufhin die Jalousien an allen Fenstern der Wohnung hoch und fand nur Mauern aus Ziegelsteinen vor.

Billy schaute auf sein Handy, hatte aber keinen Empfang, weshalb er den Fernseher einschaltete, doch auf allen Kanälen wurden nur abstoßende Bilder von Menschen gezeigt, die vom Rauchen Krebs bekommen hatten.

Also versuchte er, seinen Computer einzuschalten.

Sein Laptop zeigte zwar an, dass er Empfang hatte, aber die einzigen Websites, die er aufrufen konnte, waren solche, die Statistiken darüber enthielten, wie viele Menschen jedes Jahr an den Folgen des Rauchens sterben und wie viele Menschen durch Passivrauchen Krebs bekommen.

„Das ist verrückt", dachte Billy. „Ist das überhaupt meine Wohnung?"

Also tat Billy, was jeder gestresste Raucher tun würde: Er zündete sich eine Zigarette an.

Aber sobald Billy daran zog, schaltete sich jene kreischende Sirene wieder ein. Beim zweiten Mal war sie sogar noch schlimmer.

Billy konnte lediglich in der Wohnung sitzen und über Krebs, Rauchen und Essen lesen. Der Kühlschrank war voll mit Nahrungsmitteln. Billy versuchte noch zwei weitere Male zu rauchen, aber die kreischende Sirene wurde so schlimm, dass er sich schließlich übergeben musste und seine Ohren zu bluten begannen.

„Wenn du so weitermachst, wirst du sicher sterben", sagte die Stimme von Dr. Nineveh.

Schließlich, nach ein paar Stunden oder vielleicht waren es Tage, hielt Billy es nicht mehr aus und zündete sich eine weitere Zigarette an. Die kreischende Sirene klang wie das Ende der Welt. Das Letzte, woran Billy sich erinnerte, war das Gesicht eines Mannes im mittleren Alter. War es Dr. Nineveh?

Billy wachte in seinem Bett aus dem tiefsten Schlaf auf, den er je gehabt hatte. Er zog sich seinen Bademantel an und ging in die Küche, um eine frische Kanne Kaffee zu kochen. Während er sich eine Tasse Kaffee einschenkte, erinnerte er sich an den schrecklichen Alptraum über die Raucherentwöhnung, von dem er gerade erwacht war.

Billy schüttelte den Kopf und nahm einen Schluck.

Dann ging es los. Man kann es nur als das lauteste und schrillste Kreischen beschreiben, das man sich vorstellen kann. Es war so durchdringend, dass Billy die Kaffeetasse fallen ließ und er vor Schmerz zu Boden ging und sich die Ohren zuhielt.

Dann hörte es auf und eine vertraute Stimme erklang in Billys Wohnung.

„Guten Morgen Billy", sagte die Stimme. „Hier spricht Dr. Nineveh. Dein Programm zur Koffeinentwöhnung beginnt jetzt. Du darfst diese Wohnung nicht verlassen, bis du deine ekelhafte Sucht abgelegt hast und einsiehst, wie zerstörerisch sie ist."

Reis und Mobiltelefone

Einige von euch, die dies lesen, haben wahrscheinlich vor kurzem ihr erstes Mobiltelefon erhalten. Heutzutage ist das erste Handy so etwas wie ein Übergangsritus - es ist ein Symbol dafür, dass man die unbeholfenen Jahre der Vorpubertät hinter sich lässt und in die noch unbeholfeneren Teenagerjahre übergeht. Natürlich sind Mobiltelefone inzwischen viel mehr als nur Telefone. Smartphones tragen zur Sicherheit bei und sorgen dafür, dass du mit deiner Familie in Verbindung bleibst, doch auch für Bildungszwecke sind sie unverzichtbar.

Schließlich heißen sie Smartphones, weil sie handgroße Computer sind, die so ziemlich alle Funktionen eines Laptops oder Desktop-Computers haben.

Aber so toll Handys/Smartphones auch sind, sie sind nicht die robustesten Geräte. Gesprungene Bildschirme sind keine Seltenheit. Bestimmt kennst du jemanden, dessen Smartphone-Bildschirm wie ein Spinnennetz aussieht!

Oder vielleicht sieht deins sogar so aus.

Doch ein gesprungener Bildschirm beeinträchtigt nicht unbedingt die Funktionsfähigkeit deines Smartphones. Klar, es sieht nicht schön aus, aber du kannst es immer noch verwenden. Das vielleicht Schlimmste, was deinem Smartphone passieren kann, ist, dass es ins Wasser fällt. Du fragst dich jetzt vielleicht, wie Handys ins Wasser fallen können, oder? Nun, da gibt es viele mögliche Szenarien.

Dein Handy könnte sich in deiner Hemdtasche befinden, wenn du über der Toilette stehst, und, na ja, dabei kann es herausrutschen und ins Klo fallen.

Vielleicht ist es auch ein heißer Tag und du und deine Freunde haben beschlossen, eine spontane Wasserschlacht zu veranstalten, doch du vergisst, dass dein Handy noch in der Hosentasche ist.

Und dann gibt es noch Missgeschicke. Wir alle haben schon einmal ein Glas Milch oder Wasser am Esstisch verschüttet. Wenn dein Handy auf dem Tisch liegt (was es laut deinen Eltern wahrscheinlich nicht tun sollte!), kann es dem verschütteten Wasser zum Opfer fallen.

Was also tun, wenn das passiert? Am häufigsten wird von Leuten empfohlen, das Telefon in ungekochten Reis zu legen.

Doch funktioniert das und gibt es dafür eine wissenschaftliche Erklärung?

Smartphones bestehen aus Plastik, Metall, Drähten und Computerchips. Wenn sie nass werden, kann dies ihre Funktionsweise beeinträchtigen. Wenn du also dein nasses Handy in Reis legst, saugt der Reis theoretisch die gesamte Feuchtigkeit auf und bringt das Handy in seinen vorherigen Zustand zurück. Trockene Haferflocken und sogar Katzenstreu sollen eine ähnliche - und manchmal sogar bessere - Wirkung auf nasse Handys haben.

Die meisten Experten sind jedoch der Meinung, dass Reis oder Haferflocken wenig zur Reparatur deines Handys beitragen.

Die meisten Anleitungen für die Reparatur deines Handys mittels Reis enthalten nämlich die zusätzliche Anweisung, das

Handy mindestens zwölf Stunden lang im Reis liegen zu lassen. Die Fachleute behaupten, dass die Zeit, in der das Telefon ausgeschaltet bleibt und trocknet, ausschlaggebend ist.

Wenn du also das Pech hast, dein Handy ins Wasser fallen gelassen zu haben, dann gerate nicht in Panik. Stelle sicher, dass es ausgeschaltet ist und öffne es, falls möglich. Nimm die Batterie heraus und lege alle Teile auf ein Fensterbrett, wo sie trocknen können. Lass es einen Tag lang dort liegen, baue alles wieder zusammen und schalte es ein.

Das sollte funktionieren, so dass du den Reis für deine nächste Mahlzeit mit der Familie aufbewahren kannst - aber sei trotzdem vorsichtig, wenn du an den Strand gehst.

Warum ist das Buch
Matilda so beliebt?

Manche Bücher und Buchreihen sind wirklich zeitlos. Die Bücher von Laura Ingalls Wilder, von C.S. Lewis und natürlich die "Herr der Ringe"-Reihe von J.R.R. Tolkien sind allesamt Klassiker, die von mehreren Generationen gern gelesen wurden. Es ist gut möglich, dass du eine oder alle dieser Serien gelesen hast, und es kann gut sein, dass deine Eltern und Großeltern das auch getan haben.

Alle diese Bücher haben ein paar Dinge gemeinsam. Sie sind allesamt gut geschrieben und spielen entweder in einer anderen Zeit oder an einem anderen Ort oder beides, was es dem Leser ermöglicht, seiner Fantasie freien Lauf zu lassen und ein wenig in eine andere Welt zu entfliehen.

Auch wenn ein Kinderbuch gut geschrieben ist und mit viel Fantasie erdacht wurde, ist das keine Garantie dafür, dass es ein Bestseller wird. Manchmal müssen Kinderbücher ein wenig „schrullig" sein.

Der berühmte britische Schriftsteller Roald Dahl schrieb und veröffentlichte im Laufe seines Lebens Hunderte von Romanen, Kurzgeschichten und Gedichten. Dahls Talent war weitreichend, denn er schrieb auch Kriminalgeschichten für Erwachsene. Am bekanntesten ist er aber wohl für seine Kindergeschichten. *Charlie und die Schokoladenfabrik* ist vielleicht sein bekanntestes Werk, aber viele seiner Fans halten sein Buch *Matilda* von 1988 für sein bestes.

Falls du *Matilda* gelesen hast, wirst du wahrscheinlich zustimmen.

Nach der Veröffentlichung von *Matilda* wurde das Buch in eine Radiosendung, ein Musical und 1996 in einen Spielfilm mit Mara Wilson als Matilda und Danny DeVito als ihr Vater umgearbeitet. Das Buch selbst hat sich mehr als 17 Millionen Mal verkauft und wird von vielen verschiedenen Magazinen als eines der besten Kinderbücher aller Zeiten eingestuft. Es ist also gut möglich, dass du das Buch entweder gelesen oder den Film gesehen hast.

Was war also Dahls Erfolgsrezept, als er Matilda schrieb?

Nun, Dahl schrieb das Buch gegen Ende seines Lebens (er starb 1990), so dass er all seine erworbenen literarischen Techniken und seine Welterfahrung nutzen konnte, um ein großartiges Buch zu schaffen, das Kinder ... und Erwachsene ansprechen konnte. Ich kenne viele Erwachsene, vor allem Frauen, die dieses Buch immer noch lieben.

Am wichtigsten ist jedoch, dass Dahl einer sehr durchschnittlichen Idee einige sehr ungewöhnliche Dinge hinzufügte. Für diejenigen, die Matilda nicht kennen, möchte ich nicht zu viel verraten, aber es ist wichtig, einige Teile der Geschichte zu erwähnen, um zu verstehen, warum das Buch so beliebt ist.

Die Geschichte handelt von einem aufgeweckten Mädchen namens Matilda, das innerhalb ihrer Familie und bei den meisten Kindern in der Schule aneckt. Matilda ist sehr klug, und später erfährt sie, dass sie auch übersinnliche Fähigkeiten hat.

Im Laufe des Buches wird Matilda mit vielen Probleme und Fragen konfrontiert, mit denen sich alle Kinder, und somit auch du, auseinandersetzen müssen. Sie hat es mit Schlägern, Schularbeiten und Gruppenzwang zu tun. Das macht das Buch für die meisten Kinder nachvollziehbar.

Doch dann nimmt das Buch eine interessante Wendung, als Matilda ihre neu entdeckten übersinnlichen Fähigkeiten einsetzt, um einige dieser Probleme zu lösen. Ich meine, wer hätte nicht gerne übersinnliche Fähigkeiten, oder? Und diese Fähigkeiten zu nutzen, um deine Probleme zu lösen, wäre die coolste Sache der Welt. Daran hat bestimmt jedes Kind schon einmal gedacht.

Ja, sogar Erwachsene wünschen sich manchmal, übersinnliche Fähigkeiten zu haben!

Weil es Roald Dahl gelang, diese für Kinder und Jugendliche stets ansprechenden Themen aufzugreifen, wurde Matilda zu einem der beliebtesten und meistverkauften Kinderbücher aller Zeiten. Es besteht kaum ein Zweifel daran, dass *Matilda* noch in vielen Jahren von Kindern auf der ganzen Welt als ein wahrhaft zeitloser Klassiker gelesen werden wird.

Die Chancen stehen gut, dass auch deine Kinder eines Tages *Matilda* lesen und lieben werden.

Eule oder Außerirdischer?

Wenn du je durch die Ortschaft Flatwoods im mittleren West Virginia kommst, solltest du unbedingt im Flatwoods Monster Museum vorbeischauen und etwas über eines der seltsamsten paranormalen Ereignisse in der amerikanischen Geschichte erfahren.

Doch war es wirklich ein paranormales Ereignis?

Es besteht kein Zweifel daran, dass in der Nacht des 12. September 1952 eine Gruppe einheimischer Kinder und Erwachsener außerhalb der Ortschaft Flatwoods Zeuge von etwas Erstaunlichem wurde. Die Gruppe behauptet, ein helles Licht auf einem Stück Ackerland gesehen zu haben. Als sie der Sache auf den Grund gehen wollten, trafen sie auf eine Kreatur, von der alle Augenzeugen schwören, dass sie nicht von dieser Welt sein konnte. Es war mit keiner anderen UFO-Sichtung in der Geschichte vergleichbar, was viele dazu veranlasste, an dieses Ereignis zu glauben.

Andere wiederum glauben, dass das Flatwoods-Monster in Wirklichkeit gar kein Monster oder gar ein Außerirdischer war, sondern nur eine verängstigte und verwirrte Schleiereule.

Der Vorfall begann kurz nach 19 Uhr, als die Brüder Edward und Fred May und ihr Kumpel Tommy Hyer ein Licht vom Himmel auf das Feld eines Bauern fallen sahen. Die Jungen spielten einfach im Wald, so wie es Kinder tun, wobei sie

160

manchmal coole Dinge sahen, aber sie wussten, dass sie es hier mit etwas anderem zu tun hatten.

Sie holten sich also eine Erwachsene, Kathleen May, die in der Gegend wohnte, als Verstärkung. May wiederum alarmierte einen Nationalgardisten namens Eugen Lemon, und dann schlossen sich zwei weitere Kinder der Gruppe an.

Nachdem die Gruppe etwa einen halben Kilometer durch das Feld gelaufen war, stießen sie auf etwas, das sie alle als einen pulsierenden Feuerball beschrieben.

Sie behaupteten auch, dass von dem Licht ein furchtbarer Gestank ausging.

Was dann geschah, kann man nur als unglaublich bezeichnen. Alle Augenzeugen behaupten, dass eine Kreatur aus dem Licht kam, aber die Beschreibungen der Kreatur waren unterschiedlich. Die Darstellung von May war die ausführlichste und stimmigste.

May beschrieb, dass sie eine Kreatur sah, die etwa einen Meter groß und einen Meter breit war, und die möglicherweise eine Panzerung über ihrem Oberkörper und einen dunkelgrünen Rock trug. Die Gestalt hatte einen runden Kopf und einen größeren Kopfteil, der den Kopf umgab oder eine Art Helm war, und über den sie sagte, dass er wie ein „Pik-Ass" aussah.

Die Erscheinung hatte zwei glühend rote Augen und zwei dünne, aber lange Arme, die jeweils drei klauenartige Finger hatten.

Alle Mitglieder der Gruppe behaupten, die Kreatur habe ein zischendes Geräusch von sich gegeben und sei auf sie „zu geglitten".

May kontaktierte am nächsten Tag den örtlichen Sheriff und einen Reporter, die sich beide an den Ort des Geschehens begaben. Sie berichteten, sie hätten einen starken Geruch von verbranntem Metall wahrgenommen, konnten aber keine anderen Anzeichen für einen UFO-Absturz oder die Anwesenheit eines Außerirdischen finden.

Nur Stunden nachdem der Sheriff die mysteriöse Sichtung außerhalb von Flatwoods untersucht hatte, meldete ein junges Paar, dass es ein ähnliches Wesen außerhalb der nahe gelegenen Stadt Frametown gesehen hatte. Es folgten weitere Berichte, aber bei keinem gab es so viele Augenzeugen wie bei dem ersten Bericht.

Die Kreatur, die angeblich im ländlichen Flatwoods gesichtet worden war, wurde bald als „Flatwoods-Monster" bekannt und erlangte dadurch landesweite Aufmerksamkeit. Was auch immer diese Menschen in jener Nacht sahen, es war außergewöhnlich, weil es sich um einen der frühesten nennenswerten UFO-Zwischenfälle handelte: Er ereignete sich etwa fünf Jahre nach dem berüchtigten "Roswell-Zwischenfall" und mehrere Jahre vor der großen Welle von UFO-Sichtungen, die in den 1970er Jahren begann.

Welche Erklärungen gibt es also für das Flatwoods-Monster?

Skeptiker sagen, dass das UFO nur ein Meteor war. Und was die Kreatur angeht? Die meisten behaupten, dass es sich lediglich um eine verängstigte Schleiereule handelte, die einen Warnschrei ausstieß. Schleiereulen können ziemlich groß werden, und in der Verwirrung und dem Adrenalinrausch, den alle Augenzeugen erlebten, wurde ihre Größe wahrscheinlich aufgebauscht.

Doch nicht jeder in Flatwoods ist davon überzeugt, dass es ein Meteor und eine Schleiereule waren, die die Gruppe gesehen hat. Es gibt immer noch viele Einheimische, die glauben, dass ihr ruhiger Ort in jener Nacht von Außerirdischen besucht worden war.

Und einige Menschen in Flatwoods glauben, dass die Außerirdischen jeden Tag zurückkehren könnten.

Schlusswort

Ich hoffe, dir hat *Interessante Geschichten für neugierige Kids: Eine spannende Sammlung der interessantesten, unglaublichsten und verrücktesten Geschichten der Welt!* gefallen. Du hast eine Menge neues Wissen erfahren, also lehne dich zurück und lass es auf dich wirken!

Wahrscheinlich hast du eine Lieblingsgeschichte oder eine Lieblingsart von Geschichten. Vielleicht ist Wissenschaft dein Ding, und du warst fasziniert von einigen der 100 % wahren Wissenschaftsgeschichten. Oder vielleicht bist du ein bisschen praktischer veranlagt, so dass es dir Spaß gemacht hat, einige der Experimente durchzuführen. Jetzt, wo du weißt, wie man diese coolen Experimente durchführt, kannst du deine Freunde und Familie beeindrucken, indem du ihnen einige wenig bekannte wissenschaftliche Fakten beibringst.

Da wir alle Tiere lieben, haben dir die Tiergeschichten vielleicht am meisten zugesagt. Ich wette, du fandest es toll zu erfahren, wie wohltrainierte Hunde, Pferde und sogar Katzen zu Filmstars wurden und wie sich andere Haustiere als äußerst loyal erwiesen haben.

Mir persönlich gefallen die Gruselgeschichten am besten.

Einige dieser Geschichten gibt es schon länger, bei anderen ist die Grenze zwischen Mythos und Realität fließend, aber sie alle werden deinen Freunden bei der nächsten Pyjamaparty sicher einen Schrecken einjagen.

Egal, welche Geschichte oder welche Gruppe von Geschichten dir am besten gefallen hat, es ist wichtig, immer mal wieder zu lesen, um deinen Horizont zu erweitern. Studien zeigen, dass man in der Schule und später im Studium umso besser abschneidet, je mehr man in deinem Alter liest. Lesen erweitert deinen Wortschatz und fördert dein kritisches Denken, was dich zu einem besseren Schüler macht. Denk daran: Wenn du in der Schule gut abschneidest, kannst du studieren, und wenn du im Studium gut abschneidest, bekommst du einen besseren Arbeitsplatz.

Doch das Wichtigste ist: Was immer du liest und wann immer du es liest, bereichert dich an Informationen, die dir nicht mehr genommen werden können. Das gesamte Wissen, das du aus diesem und anderen Büchern gewinnst, wird in einem Teil deines Gehirns gespeichert, den dir niemand wegnehmen kann. Diese Informationen gehören ganz dir und du kannst sie jetzt an andere weitergeben.

Teile dieses neu gewonnene Wissen mit deinen Freunden und deiner Familie und gib die Freude am Lesen mit all seine Vorteilen an sie weiter. Die Geschichten in diesem Buch sind von der Art, die man mit anderen am Lagerfeuer oder mit einer Taschenlampe unter der Bettdecke bei einer Pyjamaparty lesen kann. Vielleicht bringen dich diese Geschichten auch auf eigene Ideen für neue Geschichten oder sie inspirieren dich zu einer eigenen, gründlichen Recherche.

Das Wichtigste ist jedoch, dass du nicht aufhörst zu lesen ... Punkt! Lesen macht Spaß, und es macht uns alle zu klügeren, glücklicheren und interessanteren Menschen.

www.ingramcontent.com/pod-product-compliance
Lightning Source LLC
Chambersburg PA
CBHW050723030426
42336CB00012B/1399